Verkaufstechniken
Erfolgreicher Verkäufer
Die Verbesserung Ihres Lebens
beginnt hier!

Antonio Costanzo

Der Mann, der sein Können und seine konstruktive Vorstellungskraft einsetzt, um zu sehen, wie viel er für einen Dollar geben kann, statt wie wenig er für einen Dollar geben kann, wird Erfolg haben.

Henry Ford

Mit diesem Buch möchte ich mit Ihnen jahrelange Erfahrung im Verkauf teilen, die direkt vor Ort gelebt wurde, in verschiedenen Sektoren, an verschiedenen Orten, mit verschiedenen Menschen, aber... Mit so vielen Gemeinsamkeiten, Momenten von Höhen und Tiefen, die mir so viel gegeben haben, und all dem habe ich beschlossen, es auf diesen Seiten zusammenzufassen.

Antonio

Für Raffaella immer in allem nah,
für Veronica die Essenz von allem.

VERZEICHNIS

Einführung

Dieses Buch ist das Ergebnis meiner Erfahrung, ich wollte nicht nur mein Wissen zu Papier bringen, sondern auch all die Tricks, die Ihnen im Verkaufsbereich helfen können. Mein Name ist Antonio Costanzo und ich arbeite seit über fünfzehn Jahren in diesem Bereich. Derzeit beschäftige ich mich mit dem B2b-Markt, d. H. Der Beziehung zu Unternehmen, aber in der Vergangenheit habe ich mich auch mit dem B2c-Markt befasst, der dem Verkauf mit Endverbrauchern innewohnt.

In diesen Jahren habe ich nicht nur Produkte, sondern auch Dienstleistungen verkauft, während du beim Lesen nicht nur die Möglichkeit hast, diesen Bereich besser kennenzulernen, sondern du kannst sofort an vielen Aspekten arbeiten, die den erfolgreichen Verkäufern gehören.

Dieses Buch richtet sich sowohl an Verkäufer, die ihre eigenen Techniken verfeinern wollen, als auch an alle Menschen, die in diesem Bereich arbeiten möchten, aber nicht wissen, welche Schritte zu unternehmen sind.

Die Welt des Verkaufs ist schon immer faszinierend, weil sie eine große Autonomie gibt, die man am besten verwalten kann, sonst läuft man Gefahr, ein paar falsche Schritte zu unternehmen. Ich muss zugeben, dass es auch große Zufriedenheit gibt, ich erinnere mich noch, als ich meine ersten Verträge, Erfolge und Fehler, die ich gemacht habe, geschlossen habe.

Diese Arbeit besteht aus vielen hohen und niedrigen, zu wissen, wie man mit diesem Aspekt umgeht und sich dessen bewusst ist, ist wichtig, weil sie uns hilft, nicht nur besser zu verkaufen, sondern auch alle Aktivitäten zu steuern, die rund um den Verkauf laufen. Es ist ein bisschen wie immer vor einem Spiegel zu sein, es ist wichtig, Lob zu sammeln, aber es ist noch mehr die Analyse unserer Fehler, denn durch die „Nein" lernt man zu verkaufen.

Um in diesem Sektor erfolgreich zu sein, braucht es eine Methode, es ist nicht möglich, Verkäufer zu improvisieren, denn beim ersten unerwarteten Ereignis oder dem ersten "Nein" riskieren Sie, alles wegzuwerfen! Manche Menschen mögen anderen gegenüber im Vorteil sein, vielleicht haben sie eine größere Ausstrahlung, sie sind sympathischer oder weniger schüchtern, wissen aber, dass ohne Studium und eine klar definierte Methode niemand sehr weit kommt.

Die meisten Verkäufer sind davon überzeugt, dass diese Arbeit mit dem Verkauf endet, in Wirklichkeit ist es nicht so, der Vertragsabschluss ist nur einer der kleinen Aspekte dieser Branche, es ist wichtig, dem Kunden auch danach zu folgen, in gewisser Weise müssen Sie sich um ihn kümmern und ihn nicht selbst aufgeben. Wenn Sie Ihre Arbeit gut machen, erhalten Sie einen zeitgetreuen Kunden und Sie werden immer Ihre Wahl aus einer Reihe von Gründen sein, die wir in den nächsten Kapiteln analysieren werden.

Wie bereits angekündigt, besteht der Verkauf aus verschiedenen Phasen und wir werden sie im Detail analysieren, aber nicht nur, weil ich Ihnen sagen werde, wie Sie eine gute Kommunikation einrichten können, indem Sie auf nonverbale achten.

Wenn Sie sich einer Person nähern, geschieht alles in einer Handvoll Minuten, wenn Sie zum Beispiel eine schöne Präsentation machen, aber dann unsicher in irgendeiner Einstellung sind, ist es sehr wahrscheinlich, dass Sie beim ersten Einwand des Kunden den Rückzug schlagen und dann wieder denken, dass diese Arbeit nicht für Sie tut.

Darüber hinaus werden Sie die Bedeutung verstehen können; Zeitmanagement, Technologieinstrumente zur Förderung oder zum Erwerb neuer Mitarbeiter. Aber auch wie man mit möglichen Streitigkeiten oder Beschwerden umgeht, sind aufrichtig viele Aspekte, die einen guten Verkäufer zu einem „erfolgreichen Verkäufer" machen, und in den nächsten Kapiteln möchte ich Ihnen alle Werkzeuge geben, um es auch Sie zu sein.

Sie müssen nur weiterlesen, um herauszufinden, wie Sie Ihre Fähigkeiten verbessern und die Zufriedenheit, die diese Branche Ihnen jeden Tag bieten kann, ausprobieren können. Es stimmt, es gibt so viele Höhen und Tiefen, besonders am Anfang, aber ich kann Ihnen sagen, dass Sie, wenn Sie das „Potenzial" des Abstiegs gut nutzen, sehr hoch steigen können!

Die Phasen des Verkaufs

Der erste Aspekt, der neben den in diesem Kapitel dargestellten Phasen zu berücksichtigen ist, betrifft den Zweck, den wir mit dem potenziellen Kunden erreichen wollen. Ohne *einen klaren Zweck* gibt es in uns keinen Verkauf. Die Verkaufsphasen sind sechs:

1. Die Vorbereitung des Treffens;
2. Der erste Eindruck;
3. Die Fähigkeit, Kundenbedürfnisse hervorzuheben;
4. Das Argument, indem wir darlegen, was wir anbieten, ob es sich um Dienstleistungen oder Produkte handelt;
5. Die Verwaltung der Einwände;
6. Die Schließung des Verkaufs;

Neben den oben genannten Schritten halte ich einen anderen Aspekt für wichtig; alles, was mit dem Nachverkauf zusammenhängt, wie ich in der Einführung sagte, hält ein guter Verkäufer nicht am Vertragsabschluss an, sondern folgt dem Kunden auch danach so, dass eine automatische Erneuerung und vor allem eine Treue entsteht. Mal jede einzelne Phase im Detail sehen.

Erste Phase - *die Vorbereitung des Treffens*

Ein Fehler, den viele Verkäufer oder Aspiranten begehen, betrifft Improvisation. Am Tag des Termins gehen sie zum

Kunden und „improvisieren", da sie in ihnen glauben, dass eine schöne Präsentation des Produkts, das von einem gewissen Lächeln bedient wird, ausreicht, manchmal kann dieser Ansatz funktionieren, aber nur, wenn das Gesetz der großen Zahlen gilt, Das heißt, wenn ich zu 100 Terminen gehe, ist es wahrscheinlich, dass jemand es schließt, aber versucht euch in euch zu fragen, ob es euch in Bezug auf Energie und Zeit passt, sich für Improvisation zu entscheiden. Dieser Ansatz ist meines Erachtens nicht nur unprofessionell, sondern auch ineffizient.

Mein Ziel ist es, Ihre Professionalität zu verbessern, und deshalb halte ich es für unerlässlich, dass es eine gute *Vorbereitung* für das Treffen mit dem potenziellen Kunden gibt.

Ein erfolgreicher Verkäufer wird immer versuchen, einige Aspekte zu *verbessern*, auch wenn man so viele Verkäufe tätigt und Verträge schließt, gibt es immer einige Aspekte, die man verfeinern kann, damit meine ich nicht, dass wir zur Perfektion neigen müssen, sondern nur das Beste aus unserem menschlichen Potenzial herausholen können.

Wie kann ein guter Termin mit dem Kunden vorbereitet werden?

- Durchsuchen im Web.
- Finden Sie nützliche Informationen zu sozialen Themen wie LinkedIn, indem Sie sich auch andere Kanäle ansehen, um Hobbys oder Interessen zu entdecken, die wir gemeinsam haben können.
- Besuchen Sie die Website des Unternehmens.
- Verständnis der Bedürfnisse des Kunden.

- Wenn wir gemeinsame Kontakte bemerken, können wir sie zu unserem Vorteil nutzen.
- Ermittlung der Schlüsselfiguren.

Alle diese Elemente können uns nützlich sein, um *eine gute Verkaufsverhandlung* zu bewältigen, über das Network können wir die Website betrachten und nach verschiedenen Informationen suchen, Sie können auch herausfinden, welche die Konkurrenten des Kunden sind.

Zu verstehen, wer der Kunde ist, was seine Bedürfnisse, Geschichte usw. sind, beweist vom Verkäufer eine große Professionalität, Sie sind nicht da, um Ihnen ein Produkt vorzustellen, aber Sie sind für ihn da, um ein Bedürfnis zu lösen.

Bevor wir zum Termin gehen, ist es unerlässlich, die Schlüsselfiguren zu identifizieren, dieser Aspekt ist sehr wichtig, weil es sinnlos ist, mit einer Person zu sprechen, die keine Entscheidungskraft hat, weniger Figuren haben wir als Filter und je produktiver das Treffen wird.

Nur wer die Kaufkraft kauft, zeigt diese Einstellung von unserer Seite Professionalität und lässt uns weniger Zeit verschwenden, aus diesem Grund empfehle ich Ihnen, keine Angst zu haben, die richtigen Fragen zu stellen.

Meistens sind diese Informationen auf der Website des Unternehmens sichtbar, daher ist es unerlässlich, einen Termin mit einer Schlüsselfigur zu machen, um uns ohne zu viel Energie- und Zeitverschwendung bestmöglich vorzubereiten. Dies sind Aspekte, die vor allem in den ersten Gesprächsschlägen einen Unterschied machen können.

Zweite Phase - *der erste Eindruck*

Der erste Eindruck auf den „neuen Kunden" ist sehr wichtig, das Ziel ist, sein Vertrauen zu erhalten, um das Verhältnis zu stabilisieren. Ein treuer Kunde hat Wertschätzung und Vertrauen in unsere Person und unsere Dienstleistungen oder Produkte, weil wir zuvor gute Arbeit geleistet haben, daher ist diese Phase mehr den neuen Kontakten gewidmet, denen, die uns noch nicht kennen.

In dieser Phase werden verbale Kommunikationstechniken implementiert werden, indem mehr Aufmerksamkeit auf die „nonverbale" gelegt wird, es ist gut zu beachten, dass das, was wir durch den Körper kommunizieren, ein Gewicht von 70% während der Behandlung hat.

Die Pflege des eigenen Aussehens ist von entscheidender Bedeutung, die Präsenz mit einer durchströmten Luft ist für unser Geschäft nicht gut, wenn Sie es nicht gewohnt sind, zu lächeln, empfehle ich Ihnen, zu trainieren, mit einer Person zu sprechen, die sich mit einer offenen Haltung stellt, sicher und lächelnd bereiten Sie sich darauf vor, Verträge und Vereinbarungen zu schließen, wenn Sie sich anders mit übermäßiger Steifigkeit setzen, wird auch Ihr Ansprechpartner dasselbe tun.

Auch die Aufwärtstechnik kommt uns zur Hilfe, wie der Name schon sagt, besteht darin, einige Haltungen zu „aufwerten", ohne in den Überhang zu fallen, um eine größere Nähe zum Kunden zu fördern. Wenn wir zum Beispiel eine formale Sprache verwenden, versuchen wir, sie auch von uns zu verwenden, besteht das Ziel darin, den anderen so bequem zu machen, dass wir unseren Zweck erreichen.

Die ersten Phasen des Verkaufs, im Gegenteil, ich würde es wagen, die ersten dreißig Sekunden zu sagen, sind wesentlich, wenn wir in diesem Brecher gelingen, seine Aufmerksamkeit zu fangen, wird uns fühlen, wenn dies nicht geschieht, wird ein solches Verhalten umsetzen, das uns nach wenigen Minuten vom Fortfahren abbrechen lässt, immer dann, wenn man kein plötzliches Engagement erfindet und uns an die Tür legt.

In diesen Sekunden ist es unerlässlich, die günstigen Voraussetzungen für den Aufbau des Treuhandverhältnisses zu schaffen und ihm Empathie, Sicherheit und Vertrauen zu vermitteln.

In dieser Phase müssen wir uns in den Kunden einmischen, in wenigen Schlägen den Wunsch in ihm festlegen, uns weiter zuzuhören oder mit uns zu sprechen. Wie konkret zu tun? Ich empfehle immer, sich umzusehen, wenn wir im Raum eine Trophäe, ein Foto, ein Zertifikat oder etwas anderes sehen, können wir es zu unseren Gunsten verwenden, wenn ich zum Beispiel gerne eine Person mit meiner eigenen Leidenschaft lesen und treffen werde ich sicherlich mehr Gemeinsamkeiten haben als eine andere, die nie ein Buch öffnet.

Das heißt, es ist gut, nicht zu strafen, in dem Sinne, dass wir uns nicht interessieren oder ein Gespräch in einem Gebiet beginnen müssen, von dem wir nichts wissen, wenn wir eine Fischerei-Trophäe sehen und nicht einmal einen Lenz setzen können, lassen Sie uns nicht vorgeben, verbrauchte Fischer, denn wir riskieren, lächerlich zu erscheinen oder einen falschen Schritt zu machen.

Dies ist eine Arbeit, die uns kontinuierlich zur Selbstanalyse drängt, ist es wichtig, nach jedem Besuch zu verstehen, welche Punkte verbessert werden sollen, indem man sie auf eine Agenda markiert, damit man später an diesen Aspekten arbeiten kann.

Dritte Phase - *Die Fähigkeit, Kundenbedürfnisse hervorzuheben*

In dieser Phase konnten wir uns vom Kunden Zeit widmen, jetzt ist es wichtig, seine Bedürfnisse hervorzuheben, um diesen Moment nicht in einen „Ankunft und Dank" zu verwandeln. Ein Kunde kauft keine Produkte oder Dienstleistungen, sondern „Lösungen für seine Bedürfnisse".

Wenn wir Vertrauen schaffen und seine geäußerten oder latenten Bedürfnisse verstehen, können wir behaupten, dass wir eine Chance auf Erfolg haben. Die Bedürfnisse können explizit sein oder nicht, nicht immer ist der Kunde so offen, dass wir verstehen, was er uns wünscht, seine Bedürfnisse zu verstehen. Zunächst einmal ist es gut anzugeben, dass das Bedürfnis aus einem Zustand der Not entsteht, zwischen dem, was wir haben, und dem, was wir haben möchten. Das Fehlen dieses „Aspekts" führt zu einem Problem in uns oder lässt uns aufgrund des Mangels, den wir warnen, in einem Zustand des Unbehagens leben.

Der Kunde kann sich bewusst sein, was er braucht oder nicht, wenn der Kunde ein „latentes" Bedürfnis manifestiert, kann man behaupten, dass die Güte des Beraters ins Spiel kommt, die durch die Nutzung der offenen oder geschlossenen Fragen die Bedürfnisse des Kunden hervorruft.

Ein Beispiel für eine offene Frage könnte sein: „Was denken Sie über dieses Produkt?" Durch diese Frage ist der Kunde gezwungen, sich zu öffnen, was uns sagt, kann für uns eine sehr nützliche Information darstellen, an die wir uns klammern können, um besser zu argumentieren. Ein Beispiel für eine geschlossene Frage könnte sein: "Er sagte mir, dass er mein Produkt oder meine Dienstleistung interessant finde, denkt, dass es ihr nützlich sein kann? "wenn es uns" Ja "antwortet, können wir weitersprechen, indem wir in die nächste Phase des Arguments eintreten, wenn er uns „nein" antwortet, muss man herausfinden, was sich hinter seiner Antwort verbirgt, auf höfliche Weise eine andere offene Frage zu stellen, um zusätzliche Bedürfnisse hervorzurufen oder die Gründe zu verstehen.

In dieser Phase, aber auch in anderen ist es wichtig, ein aktives Hören zu haben, viele Leute sprechen, aber wirklich wenige hören zu, und das ist ein fataler Fehler im Verkauf. Ich weiß nicht, ob es dir jemals passiert ist, mit einer Person zu sprechen, die nicht zuhört, was du sagst, weil sie nur daran interessiert ist, dir seine Idee oder was mit ihm passiert ist, versuchen Sie sich daran zu erinnern, wie Sie sich gefühlt haben oder was Sie versucht haben, wenn es Ihnen nützlich sein kann, Sie müssen wissen, dass Menschen, wenn sie sich nicht gehört fühlen, das Bedürfnis entwickeln, sich vom Gesprächspartner zu entfernen, um etwas anderes zu tun, Wenn Sie nicht auf diesen Aspekt achten, wird Ihr Kunde dasselbe tun. Du bist nicht da, um gut darzulegen, was du weißt, sondern um die wahren expliziten Bedürfnisse zu verstehen oder nicht, die dein Ansprechpartner hat.

Um das anfängliche Argument zu erleichtern, können wir vor dem Treffen einige typische Fragen nach dem vorbereiten, was wir verkaufen, dies ist ein Vorschlag, der immer entsprechend der Situation moduliert werden muss, die wir dann erleben, wenn wir vier Fragen haben, wird nicht gesagt, dass wir ihr alle vier stellen müssen, der Verkauf besteht darin, die Signale des anderen zu erfassen und entsprechend durch unsere Qualitäten und unsere Vorbereitung zu reagieren.

Vierte Phase - *Das Argument: wir präsentieren, was wir anbieten, ob es sich um Dienstleistungen oder Produkte handelt*

In dieser Phase haben wir die Bedürfnisse des Kunden klar gemacht, jetzt müssen wir unsere Produkte oder Dienstleistungen bestmöglich präsentieren, an dieser Stelle ist es der Kunde selbst, der sich in einer Kaufentscheidungsphase befindet.

Das Argument von uns zielt darauf ab, am besten die Vorteile unseres Produkts oder unserer Dienstleistung zu präsentieren, in dieser Hinsicht können wir eine PDF-Präsentation oder Videos mit dem Tablet, Broschüren oder anderen Tools verwenden, die hervorheben und hervorheben, was wir in Worten sagen, um mehr ins Detail zu gelangen. Wenn wir gute Arbeit geleistet haben, erwartet uns die nächste Phase, die die Einwände ist.

Fünfte Phase - *Die Verwaltung von Einwänden*

In dieser Phase wird unser potenzieller Kunde versuchen, zwischen uns und dem, was wir ihm die unterschiedlichsten Einwände verkaufen wollen, dies geschieht bei jedem Verkauf, wenn es Einwände gibt, bedeutet dies nicht, dass wir nicht gut sind, denn unsere Kompetenz sieht man, wenn wir es schaffen, sie Stück für Stück zu demontieren, indem wir sie in den Augen des Kunden wirklich unbedeutend machen oder zumindest nicht mit der Bedeutung, die er ihm beimisst.

Auch in dieser Phase ist ein aktives Zuhören wichtig, wenn wir Einwände beseitigen und erfolgreich zum Abschluss des Verkaufs gelangen wollen, wir sind nicht wir, die wir verkaufen, aber es ist der Kunde, der beschließt, zu kaufen, und gerade aus diesen Fragen oder Zweifeln seiner Seite beginnt der eigentliche Verkauf, Wir müssen ihm zeigen, dass das, was wir ihm vorschlagen, nicht nur für ihn tut, sondern ihm die Zweifel, die sich stellen, lösen kann.

Ein Punkt zu unserem Vorteil ist die gründliche Kenntnis dessen, was wir vorschlagen, wenn wir unvorbereitet oder zögerlich zeigen, wird der Kunde uns in einer Ecke mit kontinuierlichen „Nein" schließen, wo es für uns schwierig sein wird, herauszukommen. Trotz der Einwände muss unser Ansatz immer lächelnd sein und darauf abzielen, die Bedürfnisse zu verstehen, ohne uns von der Eile nehmen zu lassen, um alle Kosten in kürzester Zeit eine Antwort zu geben, denken Sie daran, dass Sie kein Rennen machen!

Es ist auch wichtig, in einem Zustimmungszustand zu bleiben, ohne ihm zu widersprechen oder feindselig gegenüber zu posieren, können wir ihm beispielsweise sagen; "Ich erkenne diese Verwirrung, aber die Lösung könnte diese sein" oder "Ich verstehe die Periode gut, aber ich möchte sie in Bezug auf Zahlungen beruhigen und ihnen diese Lösung anbieten.

Der Nutzen, den er daraus ziehen kann, kann für die Erreichung seines Ziels sehr wichtig sein". Es kann passieren, dass sich der Kunde trotz unseres Engagements für das „Nein" entscheidet, es ist gut zu berücksichtigen, dass dieses Ereignis keine Niederlage ist, sondern als Verweis auf Chancen betrachtet werden kann.

Wir müssen es schaffen, das, was wir dem Kunden vorschlagen, so zu wünschen, dass der Preis zu etwas Sekundärem wird, wenn wir es schaffen, jeden Einwand aufzulösen, können wir uns in die letzte Phase der Schließung begeben.

Sechste Phase - *Verkaufsschluss*

Die Schließung ist zum Teil das Ende unseres Weges, wir sind an diesem Punkt angekommen, weil wir die Einwände überwunden haben und es uns gelungen ist, eine vertrauensvolle Beziehung zum Kunden aufzubauen. Diese Phase trotz dessen, was man denkt, ist sehr heikel, weil sie verschiedene Faktoren ins Spiel bringen können, deshalb müssen wir kalt und glänzend sein, um sofort die entscheidende Frage zu stellen, wie zum Beispiel; "Wir sind einverstanden, bestätigen Sie der Befehl? Um fortzufahren, unterzeichnen wir den Vertrag".

Je nach Branche, in der jeder tätig ist, verwendet er seine eigene Formel für die Schließung, aber was ich hervorheben möchte, ist, dass es in dieser Phase keine Ablenkungen von uns geben muss, der Kunde ist daher überzeugt, dass wir zu einem Abschluss mit einer Unterschrift kommen müssen, ohne dass es von uns Befürchtungen gibt.

Es kann tausend Faktoren geben, die unsere ganze Arbeit in den Wind werfen wie unterbrechen und riskieren; ein Kunde, der in den Laden gelangt, ein klappendes Telefon, eine Person, die Aufmerksamkeit erregt usw. wenn der Kunde nicht überzeugt ist, diese Situation ausnutzen kann, um alles auf einen zweiten Moment zu verschieben, also ist das erste, was zu tun ist, nachdem wir die Einwände überwunden haben, ihn den Vertrag unterzeichnen zu lassen, dann können Sie sich zurückhalten, um in einem entspannten Klima über etwas anderes zu sprechen, in dem die Verhandlungen erfolgreich abgeschlossen wurden.

Während meiner Erfahrung habe ich mehrere ausgezeichnete Verkäufer in allen frühen, aber schwachen Schritten getroffen und das macht den Unterschied zwischen einem ausgezeichneten Verkäufer und einem Anfänger.

An diesem Punkt, wie ich Sie zu Beginn erwähnt habe, ist der Verkauf nicht abgeschlossen, weil es noch geschehen muss, von jetzt an ist von uns die größte Aufmerksamkeit erforderlich, damit der gesamte Prozess, der zum Verkauf führt, perfekt und reibungslos abgeschlossen wird.

Dies ist die Phase des Postverkaufs, in der wir sicherstellen müssen, dass das Produkt oder die Dienstleistung ordnungsgemäß bereitgestellt wird. Kundenbetreuung muss immer vorhanden sein, weil es nur auf diese Weise möglich ist, einen treuen Kunden zu erhalten, der sich gut mit unseren Produkten und Dienstleistungen befunden hat, ohne zu vergessen, dass das Vertrauen des Kunden die beste Werbung ist, die wir in einem Verkaufsjob haben können.

Die Verkaufstechniken

Im vorigen Kapitel haben wir die Phasen des Verkaufs analysiert, die zusammenfassend sind;

1. Die Vorbereitung des Treffens;
2. Der erste Eindruck oder die Wirkung der ersten dreißig Sekunden;
3. Die Fähigkeit, die Bedürfnisse des Kunden durch Entdeckung hervorzuheben;
4. Das Argument, das darstellt, was wir anbieten, ob es sich um Dienstleistungen oder Produkte handelt;
5. Umgang mit Einwänden durch offene oder geschlossene Fragen;
6. Der Abschluss des Verkaufs, der mit der Unterzeichnung des Vertrages zustande kommt;
7. After-Sales, wo es wichtig ist, die Lieferung des Produkts oder der Dienstleistung zu verfolgen.

Die Hauptverkaufstechniken müssen diese Aspekte umfassen: den vom Kunden wahrgenommenen Nutzen und die Tatsache, dass unser Angebot Probleme löst, all dies muss in einer herzlichen und vertrauensvollen Atmosphäre stattfinden. Die wichtigsten Techniken sind;

- Die Zusammenfassungstechnik;
- Die Visualisierungstechnik;
- Die Tracing-Technik;
- Die Kompromisstechnik;

- Die Last-Minute-Technik;
- Die Knappheitstechnik;
- Die bedingte speziell Testtechnik.

Die Zusammenfassungstechnik

Diese Technik besteht darin, alle Vorteile unseres Dienstes kurz zusammenzufassen, nachdem wir zuvor ausführlich argumentiert haben, ist es nun an der Zeit, sich auf die wichtigsten Aspekte unseres Vorschlags zu konzentrieren. Diese Technik geht der Implementierungsphase voraus, in der wir die geschlossene Frage stellen, die den Kunden dazu bringt, eine Entscheidung zu treffen. Wie oben erwähnt, hat jeder je nach Herkunftssektor seine eigene Verschlusstechnik. Diese Technik ist eine klare Möglichkeit, die Vorteile vor der großen Frage zu veranschaulichen.

Die Visualisierungstechnik

Diese Technik besteht darin, alle Vorteile unseres Dienstes kurz zusammenzufassen, nachdem wir schon ausführlich argumentiert haben, ist es nun an der Zeit, sich auf die wichtigsten Aspekte unseres Vorschlags zu konzentrieren. Diese Technik geht der Implementierungsphase voraus, in der wir die geschlossene Frage stellen, die den Kunden dazu bringt, eine Entscheidung zu treffen. Wie oben erwähnt, hat jeder je nach Herkunftssektor seine eigene Verschlusstechnik. Diese Technik ist eine klare Möglichkeit, die Vorteile vor der großen Frage zu veranschaulichen.

Indem wir dem Kunden einen leicht erreichbaren Zielort vorstellen, können wir ihm den Wunsch vermitteln, die von uns vorgeschlagene Lösung zu erhalten, da er einen klaren Vorteil erkennen kann.

Die Tracing-Technik

Wenn wir uns in einer Verhandlung mit einem potenziellen Kunden befinden, der vielleicht langsam mit uns spricht und eine bequeme Position bevorzugt, ist es ratsam, nicht zu aggressiv oder starr zu sein, da sich der Kunde uns möglicherweise nicht vollständig öffnet.

Die Tracing-Technik ermöglicht es uns auch das Kundenverhalten in der Einstellung zu berücksichtigen und dabei darauf zu achten, nicht zu übertreiben. All dies ermöglicht die Schaffung einer ruhigen und entspannten Atmosphäre, in der Dialog und Zuhören die wichtigsten Elemente sind.

Bevor wir mit unserer Präsentation fortfahren, müssen wir unbedingt sicherstellen, dass wir die volle Aufmerksamkeit des Kunden haben. Wenn wir bemerken, dass er abgelenkt ist oder auf seine Uhr schaut, versuchen wir sofort, die Aufmerksamkeit wieder auf uns zu lenken.

Die Kompromisstechnik

Diese Technik ist vor der Abschlussphase sehr hilfreich, da dem Kunden ein Kompromiss vorgeschlagen wird, damit er an unserem Angebot festhält, es ist eine Art Probieren und dann werden Sie sehen, dass Sie auf uns nicht verzichten können. Ein Beispiel für einen Kompromiss könnte die Verwaltung sozialer Seiten sein, in diesem Fall kann ich dem Kunden sechs Monate lang mitteilen, dass ich Ihnen einen Rabatt von 50% anbiete, es muss gesagt werden, dass jeder Sektor dann seinen eigenen spezifischen Kompromiss hat, aber die Botschaft ist immer das Gleiche, etwas im Austausch für einen großen Deal anzubieten.

Sobald die Bedürfnisse oder Probleme des Kunden klar sind, wird es nicht schwierig sein, den richtigen Kompromiss zu finden, es gibt mehrere Dinge, die wir anbieten können, von Rabatten bis zu Ratenzahlungen usw.

Der Kunde muss verstehen, dass wir unser Bestes geben, um eine Einigung zu finden und das wird uns zugutekommen, denn auf psychologischer Ebene fühlt er sich verpflichtet, wenn man etwas für einen anderen tut, in unserem Fall endet dieses Gefühl mit der Vertragsunterzeichnung, wenn wir in der Lage waren, im richtigen Moment zu beobachten und zu interagieren.

Die Last-Minute-Technik

Diese Technik wird auf zeitgesteuerte Angebote angewendet, wenn wir die Zeit psychologisch wahrnehmen und uns jemand sagt: „Diesen Preis können Sie nur in den letzten drei Tagen bekommen" entsteht in uns instinktiv das Bedürfnis, dieses Produkt oder diese Dienstleistung zu besitzen, weil es uns nicht nur zufrieden stellt In unseren Bedürfnissen sehen wir auch den Convenience-Faktor, der uns zum Kauf antreibt. Konkret können wir dem Kunden mitteilen:

„Für weitere drei Tage kann ich Ihnen diesen Preis geben."

Wenn wir ein Nein oder einige Unsicherheiten erhalten, können wir darauf eingehen, dass es uns danach nicht möglich sein wird, ihm die von uns vorgeschlagenen Rabatte zu gewähren, aber wir werden höchstwahrscheinlich immer noch in der Lage sein, einen bestimmten Rabattprozentsatz zu erreichen. Kurz gesagt, der Kunde muss den Vorteil eines sofortigen Vertragsabschlusses wahrnehmen, denn wenn er die von uns vorgeschlagenen Bedingungen verschiebt, werden sie zwangsläufig Änderungen unterliegen. Neben dem Preishebel können wir den kostenlosen nutzen, indem wir ihm mitteilen, dass ihm das Unternehmen X Produkte geschenkt bekommt, wenn er die Bestellung bis zu einem bestimmten Datum abschließt.

Die Knappheitstechnik

Mit dieser Methode geben wir dem Kunden das Gefühl, dass er ein sehr günstiges Angebot verliert, wenn er sich weigert. Die Knappheitstechnik umfasst all jene Botschaften, bei denen es eine begrenzte Anzahl von Orten oder Produkten gibt. Die Tatsache, dass es nur wenige gibt, lässt uns denken, dass wir sie je früher bekommen, desto besser.

Es ist möglich, dem Kunden mitzuteilen, dass ihm bei einer bestimmten Anzahl von Produkten auf Lager ein bestimmter Preis berechnet wird, sobald diese Reserven aufgebraucht sind, kehrt der Preis auf das Standardniveau zurück und der Kunde verliert die Bequemlichkeit des von uns vorgeschlagenen Angebots zu ihm. Zurück in meiner Branche könnte ich dem Kunden sagen, dass ich nur noch zwei Plätze für einen bestimmten Monat frei habe, damit er die hohe Nachfrage und den größeren Komfort für ihn wahrnimmt.

Die bedingte speziell Testtechnik

Diese Technik ermöglicht es uns, den Kunden die Dienstleistung oder das Produkt für eine bestimmte Anzahl von Tagen gegen eine kleine Bedingung testen zu lassen, die Mindestbestellmengen oder anderes betreffen kann. So können Sie ihm zum Beispiel einen kostenlosen Probemonat mit einer Mindestlaufzeit von drei Monaten zum Sonderpreis anbieten. Was wir dem Kunden vorschlagen, hängt auch von unserem Vertriebssektor ab, aber in jedem Fall ist es wichtig, den Vorteil zu vermitteln, den er zusätzlich zur Lösung seines Bedarfs erhalten kann, normalerweise wenn Sie dem anderen etwas bieten, das Sie sind immer einen Fortschritt.

Alle diese Techniken sind für den Verkäufer nützlich, um ihn dazu zu bringen, erfolgreich die Verkaufsphase zu erreichen. Die Methoden sind als Verstärkung dessen zu verstehen, was wir dem Kunden vorschlagen, als eine Möglichkeit, ihn weiter zu treffen und ihn besser wahrzunehmen Vorteil, zum Abschluss zu kommen, anstatt seine Entscheidung immer wieder auf die lange Bank zu schieben.

Maslowsche Bedürfnishierarchie

Im Jahr 1954 schlug der Psychologe Abraham Maslow ein pyramidenförmiges Modell vor, das die Bedürfnishierarchie abbildet, wobei die Befriedigung elementarer Bedürfnisse eine wichtige Bedingung dafür darstellt, dass auch höhere entstehen können.

In der Psychologie ist Bedürfnis die Wahrnehmung des vollständigen oder teilweisen Fehlens eines oder mehrerer Elemente, die das eigene Wohlbefinden ausmachen. Wir haben in den vorangegangenen Kapiteln gesehen, dass während des Verkaufs ein bestimmtes Bedürfnis befriedigt wird, dies ist die primäre und wesentliche Bedingung, die jeder Form von Vereinbarung zugrunde liegt.

Durch dieses Pyramidenschema ordnete Maslow die Bedürfnisse jeder Person in eine Reihenfolge ihrer Wichtigkeit. Am Fuß der Pyramide befinden sich die „physiologischen" Bedürfnisse wie Hunger, Durst, Schlaf, die es dem Körper ermöglichen, im Gleichgewicht zu bleiben, nach oben finden wir die „Sicherheit"-Bedürfnisse, die durch ein Zuhause, einen Job und ein Leben repräsentiert werden sich sicher fühlen.

Physiologische und Sicherheitsbedürfnisse werden als primäre Bedürfnisse betrachtet, wenn diese nicht befriedigt werden, haben die höheren nicht so viel Bedeutung, weil es andere, strengere Bedürfnisse zu lösen gilt.

MASLOW'S HIERARCHY OF NEEDS

Auf der dritten und vierten Stufe der Pyramide finden wir soziale Bedürfnisse in Bezug auf Liebe, Freundschaft oder den Wunsch, akzeptiert zu werden oder sich als Teil von etwas zu fühlen. An der Spitze stehen die spirituellen Bedürfnisse, die nicht nur die mystische Seite betreffen, sondern auch den Wunsch nach Gerechtigkeit, Schönheit und Güte.

Als Verkäufer können wir anhand dieser Pyramide verstehen, wo die Bedürfnisse unserer Kunden positioniert sind und vor allem, wo wir die Dienstleistungen platzieren können oder Produkte, die wir anbieten. Wie ich eingangs erwähnt habe, zielt das Verkaufen darauf ab, ein Bedürfnis zu befriedigen, wenn Sie in der Lage sind, den anderen zu verstehen, ist es möglich, eine effiziente und produktive Vereinbarung zu treffen.

Zeitmanagement und Fokus

Vilfredo Pareto kam zum 80/20-Prinzip, indem er die Landverteilung analysierte, indem er sie mit dem Einkommensniveau vergleicht. Aus seiner Analyse konnte er schließen, dass nur 20% der Bevölkerung 80% des Vermögens besaßen. Diese Annahme lässt sich auch branchenübergreifend auf den Vertrieb übertragen.

Wenn man diesem Prinzip folgt, kann man sagen, dass 20 % Ihrer Aktivität etwa 80 % der Ergebnisse erbringen werden, mit einfachen Worten, wenn Sie zehn Punkte in Ihrem Programm haben, um weiterzumachen, werden nur zwei davon produktiver und effizienter sein als die verbleibende acht.

Meistens sind die produktivsten Aktivitäten auch diejenigen, die ein größeres. Engagement unsererseits erfordern. In jedem Fall lädt uns das Pareto-Prinzip ein, über den Prozentsatz des Erfolgs nachzudenken, den wir erzielen können. Dies muss uns motivieren, die meisten Produkte auszuwählen kann einen echten Unterschied in unserem Geschäft machen.

Wie macht man? Es ist gut, mit der Planung aller Verpflichtungen/Aktivitäten zu beginnen, die uns greifbare Ergebnisse bringen können. Später können wir uns den verbleibenden Aufgaben widmen, wenn wir nicht die Möglichkeit hatten, sie zu delegieren.

Das Pareto-Prinzip wird mit einem optimalen Zeitmanagement kombiniert, leider können nicht alle Menschen diese Ressource optimal nutzen und die negativen Auswirkungen schlagen sich in häufigen Misserfolgen, Unzufriedenheit und Stress nieder.

Nach diesem Prinzip schaffen es nur 20 % der Aufgaben, die wir täglich erledigen, Ergebnisse zu erzielen. Damit unser Geschäft Ergebnisse erzielen kann, müssen wir in der Lage sein, die Zeit bestmöglich zu managen. Wie macht man?

- Lernen Sie, nicht dringende Aufgaben zu delegieren;
- Erstellen Sie eine Aufgabenliste;
- Verwendung der Wichtigkeits-Dringlichkeits-Matrix.

Jeder hätte gerne einen 48-Stunden-Tag, ohne sich müde zu fühlen, aber wie wir wissen, ist das alles nicht möglich, deshalb dürfen wir die Zeit nicht als Feind beschuldigen, um die Wahrheit zu sagen, sie kann ein großer Verbündeter sein, wenn wir es wissen, wie man es ausnutzt.

Es ist möglich, Zeit mit Wasser zu vergleichen, diese Metapher ist nützlich, um ihre Bedeutung zu verstehen. Wenn ich mehrere Pflanzen zu pflegen habe und eine Gießkanne zur Verfügung habe, muss ich die Wassermenge, die ich verwende, gut dosieren, sonst wachsen einige Setzlinge üppiger als die anderen. Diese Argumentation legt ein weiteres wichtiges Konzept in Bezug auf das Gleichgewicht nahe, wenn wir die Arbeit schlecht verwalten oder zu viel Zeit von unserer Person wegnehmen, werden wir gestresster und unzufriedener und an diesem Punkt werden alle unsere Bemühungen nicht die gewünschten Ergebnisse bringen.

Die meisten Menschen neigen dazu, alle Aufgaben bewältigen zu wollen, und belasten sich so mit zu vielen Verpflichtungen. Um die Wahrheit zu sagen, es gibt ein Werkzeug, das uns helfen kann, und es ist das Delegieren, wenn wir Mitarbeiter in unserer Arbeit haben, warum nicht deren nutzen helfen, die weniger wichtigen Aufgaben abzunehmen? Zu wissen, wie man delegiert, ist eine wichtige Eigenschaft in der Arbeitswelt, weil es anderen hilft, sich zu emanzipieren, und uns gleichzeitig erlaubt, uns auf wichtigere Dinge zu konzentrieren.

Der zweite Punkt, den ich oben erwähnt habe, betrifft die Erstellung einer To-Do-Liste, das ist nichts anderes als eine To-Do-Liste, das Aufdrucken der wichtigen Aktivitäten auf Papier kann uns helfen zu verstehen, welche zuerst behandelt werden müssen und welche warten können.

Der dritte Punkt ist; die Wichtigkeits-Dringlichkeits-Matrix. In dieser Tabelle haben wir auf der y-Achse den Begriff der

Wichtigkeit und auf der Abszisse den Begriff der Dringlichkeit. Auf der Grundlage dieser Merkmale können wir unsere 'zu erledigenden Aufgaben' in einem Kästchen in Bezug auf ein anderes platzieren.

Zum Beispiel könnte eine Aktivität wichtig sein, aber es wird nicht gesagt, dass sie in diesem Moment dringend ist. Aus diesem Grund werden unsere Zeit und unsere Effizienz verbessert, wenn wir wissen, wie wir sie an der richtigen Stelle platzieren.

W i c h ti g k e it	Wichtig dringend	Wichtig nicht dringend
	Nicht wichtig dringend	Nicht wichtig nicht dringend

Dringlichkeit

Schauen wir uns konkret an, wo unsere Aufgaben liegen:

Wichtig und dringend: Wichtige Aktivitäten, die eine bevorstehende Frist haben, sollten in diesen Raum eingefügt werden, wir können sie nicht verschieben und müssen gut und rechtzeitig verwaltet werden.

Wichtig und nicht dringend: Aktivitäten, die von einer bestimmten Wichtigkeit sind, aber wir haben sie nicht eine bevorstehende Frist, sodass Sie sie über den Tag oder die Woche planen können.

Nicht wichtig und dringend: In diesem Raum können wir die Aufgaben platzieren, die eine Frist haben, aber nicht wichtig sind. Eine mögliche Lösung für all diese Aufgaben kann darin bestehen, sie an andere Personen zu delegieren oder sie zu einem späteren Zeitpunkt zu erledigen.

Nicht wichtig und nicht dringend: In diesem Raum können wir die Aktivitäten platzieren, die einen sekundären Aspekt haben, auch für sie erweist sich die Delegation als optimales Werkzeug für das immer effektivere Management unserer Zeit.

Es ist immer ratsam, sich auf die Aktivitäten zu konzentrieren, die die meisten Ergebnisse erzielen. Wenn wir beispielsweise ein Umsatzziel von 20.000 Euro in einem Monat haben, mit welchen Aktivitäten können wir einen solchen Umsatz erzielen? Ich liste sie unten auf:

- Besuche bei potenziellen Kunden (wichtig)
- Aktualisierung der Website (dringend)

Wenn das Ziel der Verkauf ist, ist es besser, dass wir unsere Zeit und Energie dem Besuch potenzieller Kunden widmen, aus diesem Grund ist es sinnlos, mit der Aktualisierung der Website zu beginnen oder sich mit Sekretariatstätigkeiten zu beschäftigen, wir können diese Aufgaben leicht an einen Mitarbeiter delegieren das Ziel, das wir uns gesetzt haben, so schnell wie möglich zu erreichen.

"Persönliche Zufriedenheit ist der

wichtigste Bestandteil des Erfolgs"

Denis Waitley

In der Arbeit ist neben einer Methode auch eine mentale Organisation erforderlich, wir können nicht tausend Aktivitäten gleichzeitig ausführen, da wir riskieren, einige unvollendet zu lassen.

Meistens wird die Produktivität durch schlechte Angewohnheiten beeinträchtigt, die uns das Gefühl geben, nicht genug getan zu haben, und das Gefühl von Stress und Unterdrückung durch zu viele Verpflichtungen, die sich anhäufen, hinzufügen. Unser Leben kann ein Meisterwerk werden, aber in vielerlei Hinsicht hängt alles von uns ab. Denken Sie immer daran, dass Sie alles können, wenn Sie wollen!

Verbale und nonverbale Kommunikationstechniken

In diesem Kapitel werden wir über die wichtigsten Kommunikationskanäle sprechen, die sind; nonverbal, paraverbal und verbal.

Die Kommunikationskanäle

Nonverbal	Paraverbal	Verbal
Look	Lautstärke	Wörter und Sätze
Mimik des Gesichts	Stimme	Sprache: Grammatik Semantik und Syntax
Gestik	Rhythmus	
Körperhaltung	Energie	
Proxemik	Tonfall	

Es ist wichtig zu wissen, wie man richtig kommuniziert, besonders wenn man einen Job macht, bei dem Kommunikation eines der Hauptelemente ist.

Nonverbale Kommunikation stellt eine echte Sprache dar, die von unserem Körper gesprochen wird, d.h. durch unsere Pose, durch Gesten, durch Körperhaltung, aber auch durch die Art und Weise, wie wir uns präsentieren. Wir können verstehen, wer vor uns steht, indem wir all diese Faktoren beobachten, die uns wertvolle Informationen über unseren Gesprächspartner geben, aber andererseits ist es gut, dass wir auch auf unsere nonverbale Kommunikation achten, weil sie auf Gegenseitigkeit basiert Austausch auf beiden Seiten.

Durch Gestik können wir Emotionen und Stimmungen ausdrücken, versuchen, uns die Wirkung eines Lächelns oder Stirnrunzelns vorzustellen, es braucht nicht viel, um die Wahrnehmung zu verändern, die der andere von unserer Person hat. Die nonverbale Sprache hat auch eine kommunikationsregulierende Funktion, da sie es uns ermöglicht, die Unterbrechungen und Verschiebungen im Kommunikationsprozess zu bewältigen.

Wir kommunizieren auch durch andere Elemente wie:

Der Look: es ist gut, dass unsere Kleidung möglichst neutral ist, es ist gut, nicht zu trendige Kleidung zu wählen, da wir ein möglichst breites Publikum ansprechen. Auch unser Auto sollte kein Superauto sein, sondern ein normales Fahrzeug, um niemandem Unbehagen zu bereiten.

Der Blick und die Mimik: die Bewegung der Augen kann uns viele Informationen über unseren Gesprächspartner geben, aber auch über uns. In einer Verhandlung ist es gut, den Blick auf den Kunden zu richten, besonders wenn er mit uns spricht, weil dies unsere kommuniziert volle Aufmerksamkeit auf seine Vergleiche. Auf jeden Fall muss die Körpersprache in ihrer Komplexität beherrscht und interpretiert werden, da eine einzelne Bewegung nicht ausreicht, um die andere zu verstehen, wenn ich beispielsweise den Kunden anstarre, mich aber mit den Händen am Kopf kratze oder mit etwas spiele, kann ich das schon kommunizieren eine falsche Aufmerksamkeit, die störend sein kann, wenn sie wahrgenommen wird.

Gesten: Gesten der Hands müssen kontrolliert werden, weil sie, wenn sie zu übertrieben sind, den anderen irritieren können, Gesten dürfen niemals direkt sein, es ist geschmacklos, mit dem Zeigefinger auf den anderen zu zeigen, weil es sogar eine anklagende Geste implizieren kann wenn es nicht erwünscht ist, sage ich Ihnen das, weil es so viele Gesten gibt, die wir fast automatisch machen, ohne es zu merken, sie sind Teil unseres gewohnten Musters, aber es ist gut, sie zu korrigieren, wenn sie nicht zu unserem Verhandlungsziel passen. Der Kunde muss sich immer wohlfühlen, niemals genervt oder irritiert sein. In Bezug auf Gesten ist es gut, die Tracing-Technik zu verwenden, um der nonverbalen Kommunikation unseres Gesprächspartners näher zu kommen.

Die Körperhaltung: sie müssen möglichst gerade sein, um dem anderen unsere Sicherheit zu vermitteln. Auf die Verwendung von Proxemik achten, die unseren Raum gut nutzt, ohne in den des anderen einzudringen. Wenn wir uns zu weit vom anderen entfernt positionieren, könnte unser Verhalten als Symptom der Unsicherheit interpretiert werden, aber auch eine zu nahe Positionierung könnte Aggression vermitteln, wenn es unser erstes Treffen ist und das nötige Selbstvertrauen fehlt.

Paraverbale Kommunikation bezieht sich auf all die Geräusche, die wir während der Kommunikation aussenden, Sprache besteht aus Wörtern, Gesten, aber auch aus dem Tonfall und der Art und Weise, wie wir uns ausdrücken. Das Item besteht ausfolgenden Aspekten; der Ton, die Frequenz, der Rhythmus, die Kadenz und sogar die Stille.

Wenn wir zu schnell sprechen oder einen zu tiefen Ton verwenden, riskieren wir, dass der Gesprächspartner fast nichts von dem versteht, was wir ihm sagen. Wenn der Kunde beispielsweise ruhig ist und langsam spricht, ist es sinnvoll, sich anzupassen zu seiner Sprechweise, ohne zu übertreiben, um nicht ins Lächerliche zu geraten, besonders wenn eine Sprechweise nicht zu uns gehört.

Es ist nicht einfach, diese Aspekte sofort zu modulieren, aber es ist wichtig zu wissen, wie man gut und richtig kommuniziert, wenn man professionelle Ergebnisse erzielen will, und nicht nur, weil Kommunikation in jedem Lebensbereich erforderlich ist.

Die verbale Kommunikation nutzt Rede und Sprache, um unsere Gedanken denen zu vermitteln, die uns zuhören. Viele denken fälschlicherweise, dass diese Form der Sprache die wichtigste ist. In Wirklichkeit finden weit über 70% von allem, was wir kommunizieren, durch paraverbale und nonverbale Kommunikation statt.

Um gut und effizient zu kommunizieren, ist es gut, die richtige Grammatik und Aussprache von Wörtern zu kennen, um einen schlechten Eindruck bei den Kunden zu vermeiden. Es ist wichtig, bei der Kommunikation eine positive Einstellung zu bewahren, niemals negative Urteile zu äußern, zum Beispiel, wenn die Website des Kunden hässlich ist, werden wir ihm nicht direkt sagen, dass sie hässlich ist, sondern nur, dass die Website in Ordnung ist, aber verbessert werden kann.

Diese Art der Kommunikation platziert den anderen in einer günstigen Weise uns gegenüber, wenn wir uns anders diskreditieren, haben wir den gegenteiligen Effekt, dass wir abschließen, was wir ihm sagen werden. Anstatt zu kritisieren, ist es besser, die Stärken hervorzuheben, die wir ihnen mit unseren Produkten oder Dienstleistungen bieten können.

In einer Kommunikation ist es hilfreich, das Feedback zu beobachten, das uns erlaubt zu verstehen, was der andere wirklich verstanden hat, wenn wir diesen Aspekt nicht berücksichtigen, riskieren wir einen fatalen Fehler.

Um die Wahrheit zu sagen, wir interagieren jeden Tag mit vielen Menschen. Wenn wir am Ende des Tages nicht in der Lage sind, effektiv zu kommunizieren, ist es wahrscheinlich, dass wir aufgrund all dieser Ereignisse Frustrationsgefühle verspüren, die uns das Gefühl geben, bei dem, was wir tun, ineffektiv zu sein. Aus all diesen Gründen ist es wichtig, in allen Bereichen, in denen wir interagieren, gut kommunizieren zu können.

Die meisten Menschen denken, dass 'Verkaufen' das Gleiche ist wie 'Reden'.

Aber die effektivsten Verkäufer wissen, dass Zuhören der wichtigste Teil ihrer Arbeit ist.

Roy Bartell

Dem Gesprächspartner zuzuhören ermöglicht es uns, Empathie zu entwickeln, diese Fähigkeit ermöglicht es uns, über die gesprochenen Worte hinauszugehen, weil wir den anderen auf einer tieferen Ebene fühlen und zwischen den Zeilen lesen können, indem wir die Empfindungen anderer Menschen wahrnehmen. In der Sprache müssen wir auch durchsetzungsfähig sein, das heißt, wir müssen in der Lage sein, Meinungen auszudrücken, während wir die der anderen respektieren, auf diese Weise wird unsere Kommunikation viel effektiver.

Durchsetzungsvermögen ist eine grundlegende Beziehungsfähigkeit für die Entwicklung von Beziehungen, da wir auf ihrer Basis Respekt, Positivität und Zusammenarbeit finden. Sich ausdrücken zu können, ohne sich dem Willen einer anderen Person aufzudrängen, setzt das Erreichen einer bestimmten angestrebten Sicherheit unsererseits voraus Verfolgung der Ziele, die wir uns gesetzt haben.

In der Kommunikation ist es ratsam, dass es nie einen Monolog gibt, sondern eher einen Dialog, wenn wir dem anderen nicht zuhören, wird dieser höchstwahrscheinlich gelangweilt und verliert bald das Interesse an dem, was wir ihm sagen, ein ähnliches Verhalten für einen Verkäufer kann ungeachtet des anzubietenden Produkts oder der anzubietenden Dienstleistung wirklich fatal sein. Kommunikation besteht nicht nur aus Worten und es ist gut, sie zu berücksichtigen, um erfolgreich verkaufen sein!

Bart und Mantel machen einen Philosophen

Beim Verkauf kann man bestätigen, dass der Bart und Mantel einen Philosophen machen, die Bedeutung des Bildes in diesem Bereich muss in der Lage sein, Emotionen zu erzeugen, die unsere Arbeit begünstigen können. Neben dem Aspekt ist es wichtig, entscheidend zu sein und den Konditional so weit wie möglich in der Sprache zu vermeiden und das Präsens oder Futur zu bevorzugen.

Neben der Kleidung muss auch auf unser Äußeres geachtet werden, indem wir uns optimal positionieren, schaffen wir einen Nährboden für eine wirkungsvolle Präsentation unseres Angebots. Sowohl durch verbale als auch nonverbale Sprache müssen wir dem anderen bestätigen, dass wir entschlossene Menschen sind und dass wir an das glauben, was wir ihnen vorschlagen.

In einer Präsentation ist es ratsam, den Ausdruck zu vermeiden: 'mein Produkt könnte ...' zugunsten von 'mein Produkt wird Ihren Umsatz steigern', dem Kunden müssen wir eine Gewissheit und keine Wahrscheinlichkeit vermitteln. Auf psychologischer Ebene, wenn wir zuerst nicht an das glauben, was wir vorschlagen, wird der andere es auch erkennen und nicht vertrauen, was wir ihm sagen.

Wenn ich zum Beispiel ein Schlankheitsmittel verkaufe, aber selbst nicht an dessen Wirkung glaube, wie kann ich dann den anderen überzeugen, wenn ich, auch wenn ich es nicht will, meine Unsicherheit kommuniziere?

Es passiert jedem, sich in einer Verhandlung wiederzufinden und die bedingte oder unangemessene Art der Präsentation zu verwenden, was ich Ihnen raten kann, ist, diese Fehler zu erkennen und daran zu arbeiten, um sicherzustellen, dass sie sich nicht wiederholen, trainieren Sie sich in Präsentationen mit der Familie oder vor dem Spiegel, die Kunst des Verkaufens gleicht einer Aufführung, ohne es zu übertreiben, müssen Sie in der Lage sein, einen guten Termin ohne Probleme zu schließen, die Ihre ursprünglichen Absichten zunichtemachen könnten.

Wenn wir mit einer anderen Person interagieren, dauert es nur wenige Sekunden, um zu verstehen, ob wir ihr vertrauen können oder nicht, dieser Bewertungsprozess ist bedingt durch soziale Konventionen, durch unsere Erfahrung und auch dadurch, wie wir in gewissem Sinne sind. Viele Untersuchungen haben gezeigt, dass dieselbe Person, die anders gekleidet ist, unterschiedliche Eindrücke bei Kunden erzeugen konnte, was die ursprüngliche These bestätigt, dass das Kleid den Mönch macht, denn wie wir uns kleiden und wie wir posieren, ist der erste Ansatz, der dies kann Ermöglichen Sie uns ein erfolgreiches Treffen oder Blockieren Sie den Weg mit einem: 'Ich habe kein Interesse, danke'.

Diese Fähigkeit war uns in unserem Evolutionsprozess nützlich und dient auch heute noch dazu, zu verstehen, ob wir vertrauen können oder nicht. Es ist wichtig, sich bestmöglich zu präsentieren, denn es dauert zwar ein paar Sekunden, bis man sich eine Meinung gebildet hat, aber es ist genauso wahr, dass es lange dauert, bis man sie ändern kann, und manchmal ändert man sie nie.

Unser Image muss so gut wie möglich mit dem Beruf übereinstimmen, den wir ausüben, und ob es uns gefällt oder nicht, es ist notwendig, dass wir uns an die geltenden gesellschaftlichen Konventionen anpassen, andere werden uns danach klassifizieren, was sie sehen werden, daher ist der erste Eindruck entscheidend, wenn wir wollen die gesetzten Umsatzziele erreichen.

Organisieren eine Visite

Bei der Organisation der Besuchsrunde ist es wichtig, sich auf neue Kunden zu konzentrieren, denn das Tempo der Besuche bei neuen Potenzialen zu halten, ist auch der Grund für die Motivation eines Verkäufers, der seine ersten Schritte in diesem Bereich unternimmt.

Potenzielle Kunden können neue Verkaufschancen hervorbringen, in diesem Sinne sollten wir es vermeiden, das zu tun, was ich gerne die 'Milchmanntour' nenne, das heißt, immer innerhalb der bekannten Grenzen zu bleiben, die immer von denselben Menschen und Möglichkeiten gemacht werden.

Es ist ratsam, Bereiche mit einem hohen Prozentsatz an Aktivitäten oder potenziellen Kunden zu nutzen, die denen ähneln, die wir verkaufen. Ihre Besuche gut zu organisieren bedeutet, Ihre Zeit gut zu verwalten und die Verschwendung von Energie und Ressourcen zu vermeiden, indem Sie sich auf den eigentlichen Schwerpunkt unseres Geschäfts konzentrieren.

Diese Organisation muss im Laufe der Zeit immer weiter verbessert werden, es ist nicht einfach und manchmal sogar für die erfahrensten Verkäufer schwierig. Wenn Sie am Anfang Ihres Geschäfts stehen, empfehle ich Ihnen auch, zu improvisieren oder eher Ihrem Instinkt zu folgen, dies ist erforderlich, um die Gegend besser zu verstehen und sich am besten fortzubewegen. Zweitens ist es gut, die Woche mit

Tagen für Besuche und andere für die Organisation unserer Aktivitäten planen zu können. Es ist gut zu betonen, dass je mehr wir es schaffen, effizient zu sein, desto besser die Ergebnisse, die wir erzielen werden, erhalten.

Es sollte auch gesagt werden, dass nicht immer alle Gelegenheiten planbar sind, manchmal ergeben sie sich dort, wo wir sie nicht erwarten, daher ist es gut, eine vorher festgelegte Anzahl von Besuchen bei neuen Kunden einzuhalten, zum Beispiel in meinem Geschäft jeden Tag I Wenn ich versuche, ein Dutzend potenzieller Kunden zu besuchen, nutze ich die verbleibende Zeit, um einen bereits akquirierten Kunden zu besuchen, um zukünftige Verlängerungen zu evaluieren, die durchgeführt werden sollen.

Wenn ich in einer Gegend bin, um einen bestehenden Kunden zu besuchen, höre ich nicht bei dieser Aufgabe auf, sondern versuche, weiterzugehen, indem ich mich auf der Suche nach anderen potenziellen Kunden umschaue. Sie dürfen diesen Aspekt niemals unterschätzen, es gibt zahlreiche Unternehmen, die dies können auch in der Gegend nur sechs Monate geöffnet, und es ist schade, keine eigenen Produkte oder Dienstleistungen anzubieten, das sind die Chancen, die sich bei einem Besuch ergeben können und die wir unbedingt nutzen können müssen.

Wenn wir uns auf eine detaillierte Planung beschränken, können wir wertvolle Gelegenheiten verpassen, es ist besser, unvoreingenommen zu interagieren, d.h. ich folge dem, was ich geschrieben habe, aber gleichzeitig bereite ich mich darauf vor, das Neue oder Unerwartete willkommen zu heißen. Auch in der Arbeit des Verkäufers gibt es den Zufall, und das müssen wir beachten.

Eine weitere sinnvolle Anregung betrifft den Besuch zufriedener Kunden, hier kann ein guter Zeitpunkt sein, nach Referenzen zu fragen, hat sich der Kunde gut zurechtgefunden und schätzt uns als Menschen, ist er bereit, Kontakte, die er selbst kennt, weiterzugeben.

Die nützlichen Werkzeuge sind zweifellos die Agenda und der Kalender. Machen Sie nicht den Fehler, sich nur auf Ihr Gedächtnis zu verlassen, da fatale Fehler gemacht werden können. Am Anfang ist es möglich, Telefonanrufe oder das Versenden von E-Mails nicht für den Verkauf, sondern für die Terminvereinbarung zu nutzen.

Der Verkauf muss immer persönlich durchgeführt werden, da wir nicht alle Nachrichten übermitteln können, die während unserer telefonischen Anwesenheit auftreten, insbesondere wenn wir Dienstleistungen verkaufen, da die Verhandlung von Wert sein muss.

Prognoseziele

Ziele helfen uns, die Aufmerksamkeit auf die wirklich wichtigen Aspekte zu lenken, bevor wir sie planen, müssen wir uns darüber im Klaren sein, welches Ziel wir erreichen wollen, denn das Navigieren im Vertrieb auf Sicht ist nicht sehr empfehlenswert.

Um ein professioneller Verkäufer zu sein, ist es gut, die wichtigsten Punkte zu beachten, die es Ihnen ermöglichen, zu sein. Ziele sind ebenso wichtig wie das Management von Terminen, Zeit und mehr. All dies sind grundlegende Elemente, die im Laufe der Zeit immer und ständig verbessert werden müssen, um hervorragende Verkäufer zu werden.

Die Ziele müssen sein:

- monatlich
- vierteljährig
- jährlich

Dieses Timing ermöglicht es uns, unsere Leistung besser zu verstehen, da wir als Verkäufer entsprechend den von uns erzielten Ergebnissen bezahlt werden, und deshalb müssen sie gescannt und messbar sein, um zu verstehen, ob wir gut abschneiden oder ob wir einen Aspekt verbessern müssen.

Die monatlichen Ziele schaffen es, uns die richtige Motivation zu geben, die vierteljährlichen lassen uns verstehen, ob wir mit den Jahresendzielen übereinstimmen oder nicht, und es ist gut, den Wert des vierteljährlichen Jahres zu berücksichtigen, denn wenn er zu niedrig ist wir riskieren große Anstrengungen, um jährlichen Ziele zu erreichen.

Die Ziele müssen bestimmten Eigenschaften entsprechen, um als solche definiert zu werden, zunächst einmal müssen sie erreichbar sein, alles, was ich ergebnismäßig nicht erreichen kann, kann ich nicht als Ziel definieren, sondern fällt in die Sphäre von Träumen oder Hypothesen. Außerdem müssen sie herausfordernd und messbar sein.

Sich ein Ziel zu setzen, heißt nicht, der Annahme zu folgen: „Ich möchte mehr verkaufen", sondern „im Januar will ich 20.000 Euro Umsatz erreichen". Je nachdem, welcher Branche Sie angehören, werden unterschiedliche Ziele mit der Geschäftsführung vereinbart oder nicht.

Wenn wir unser Ziel am Ende des Monats nicht erreicht haben, ist es notwendig, über die möglichen Ursachen nachzudenken, die es uns nicht ermöglicht haben, es zu erreichen, und dann an diesen Mängeln zu arbeiten, um sicherzustellen, dass der folgende Monat besser wird.

Das Ziel muss herausfordernd sein, weil es uns motivieren muss, immer besser zu werden, und deshalb können wir dies dann überprüfen, indem wir messen, was tatsächlich erreicht wurde, basierend auf dem, was wir uns gesetzt haben.

Zusammenfassend ist es wichtig, sich Ziele zu setzen, wenn man Ergebnisse erzielen will, aber das reicht nicht aus, denn man braucht auch eine gute Portion Willen, um bei den ersten Schwierigkeiten nicht aufzugeben. Außerdem ist es gut, ehrgeizig zu sein, um immer wieder neue Ziele erreichen zu können.

Je stärker der Wunsch in uns ist und desto größer wird unsere Motivation sein, die uns in Richtung des vorher festgelegten Ziels treiben wird. Im Vertrieb wie auch in anderen Bereichen ist es eine schlechte Angewohnheit, zufrieden zu sein, denn ein bestimmtes Ergebnis sollte dir reichen, wenn du ganz tief in dir weißt, dass du noch viel mehr kannst, höre nie auf, dich selbst zu hinterfragen und dir Fragen zu stellen, wenn du das möchtest, verbessern.

Der Weg, der uns zum Ziel führt, kann mit vielen kleinen Genüssen gespickt sein, Schönheit wird nie nur ins Ziel gestellt. Jede Herausforderung wird uns immer eine neue Lehre bringen, daher muss unsere Mentalität dafür sein, alle notwendigen Aspekte zu lernen und zu verbessern.

Erfolgreiche Verkäufer sind auch in der Lage, Verantwortung für ihre Entscheidungen zu übernehmen, um ihre Ziele effektiver zu erreichen. Wir können so viel Theorie studieren, wie wir wollen, aber in der Praxis sind wir diejenigen, die bei dem Kunden, den wir vor uns haben, den Unterschied machen müssen.

Unsere Reise muss auch linear mit der Zeit sein, es ist sinnlos, heute hundert und morgen fünf zu geben, der Aufwand und das Engagement müssen gleichmäßig verteilt werden. Wenn wir zum Beispiel nur an zwei Tagen in der Woche Diät machen, können wir nicht abnehmen, diese Überlegung gilt auch für die Verkaufsarbeit, wenn wir den einfachen Weg wählen, machen wir uns nur über uns lustig.

Beständigkeit wird uns dazu bringen, es zu versuchen, bis wir die festgelegten Ergebnisse erreicht haben, und uns dann auf ein anderes Ziel zubewegen. Dieser Beruf hat seine schönen Seiten, aber auch Seiten, die viel Engagement und Arbeit erfordern, besonders an der Person, aber wenn wir uns engagieren, werden die Ergebnisse nicht lange auf sich warten lassen und die Zufriedenheit, die wir daraus ziehen können, wird alle Anstrengungen und Anstrengungen sicherlich zurückzahlen Verpflichtung, die wir eingegangen sind.

Betreuung und Pflege von Kunden

In diesem Kapitel konzentrieren wir uns auf Kunden oder darauf, wie man sich um sie kümmert und neue Bedürfnisse entdeckt, ohne Add-Ons und Upselling zu vergessen. Dieses Kapitel folgt aus einem bestimmten Grund auf die Ziele. In unserer Strategie müssen wir nicht nur Verkaufsziele haben, sondern auch Ziele in verschiedenen Bereichen, die diesen Sektor immer betreffen. Daher ist es ratsam, sich auf Verlängerungen, neue Kunden, Dienstleistungen oder Produkte zu konzentrieren Wir bieten auf Zahlungen an und vermeiden so problematische Kunden oder solche, die zu viele ausstehende Zahlungen leisten können.

Auch die Betreuung der Kunden ist sehr wichtig, da diese nach Vertragsabschluss auf keinen Fall allein gelassen werden sollten, daher empfehle ich, regelmäßig mit ihnen zu sprechen, einen Rückruf oder einen Telefontermin im Kalender zu vermerken, nur um sich über den Stand der Dinge zu informieren gehen und wenn sie etwas brauchen.

In diesem Fall ist die Agenda ein nützliches Werkzeug, weil sie uns hilft, die Kontrolle zu behalten:

- neue Kunden mit ersten Terminen;
- bestehende Kunden mit Überprüfungen und Verlängerungen.

Sie können einen gewonnenen Kunden nicht nur besuchen, um zu verkaufen, sondern auch um eine Beziehung zu pflegen.

Ein zufriedener Kunde stellt eine hervorragende Wachstumschance für unser Geschäft dar, da er auch unfreiwillig Werbung für uns macht und sich nicht zurückhält, wenn wir ihn bitten, uns einige seiner Kunden vorzustellen Kollegen oder Bekannte.

In diesen Meeting-Möglichkeiten können Aktivitäten wie AddOns oder Upselling durchgeführt werden. Wenn ein Kunde uns bereits kennt und mit unseren Dienstleistungen zufrieden ist, wird es für uns viel einfacher sein, ihm andere Lösungen zu verkaufen, die seine Bedürfnisse befriedigen können.

Für viele Verkäufer, aber auch für einige Kunden, wird Upselling als Übertreibung angesehen Meinung Warnung ist ein integraler Bestandteil Ihrer Verkaufsstrategie, aber die Tatsache bleibt, dass es richtig gemacht werden muss.

Wenn wir diese Technik anwenden wollen, müssen wir uns fragen: „Wie kann ich meinem Klienten helfen, eine bessere Lösung für sein Problem zu finden?" Es ist wichtig, von dieser einfachen Annahme wegzukommen, es ist ein bisschen wie ein Freund, der Ihnen sagt: „So sehen Sie gut aus, aber wenn Sie das anziehen, werden Sie noch besser", auf diese Weise zwingen wir den Kunden aber nicht eher empfehlen, weil wir eine Verbesserung wollen, er kann unseren Worten folgen oder nicht, die letzte Wahl liegt immer bei ihm, aber ich glaube auch, dass wir mit diesem Ansatz unsere Nähe und unser Interesse wahrnehmen können und es wichtig ist, Beziehungen zu pflegen dieser Sinn.

Wenn all dies mit einer schlüssigen Preisstrategie verbunden ist, die einen unmittelbar spürbaren Nutzen für den Kunden hat, werden Sie mit Sicherheit eine hohe Erfolgswahrscheinlichkeit bei Ihren kommerziellen Angeboten feststellen.

Wenn Sie die richtige Kundenansprache haben, schaffen wir es, sie zu halten und gleichzeitig ihre Bedürfnisse zu befriedigen. Dies ist eine schlüssige Methode, mit der Sie eine solide Basis treuer Kunden haben, die weitere Kontakte generieren und die Grundlage dafür schaffen unser Erfolg in diesem Bereich. Wenn Sie gut arbeiten, lassen die Ergebnisse nie lange auf sich warten und mit ihnen kommt viel Zufriedenheit.

Vertragsverlängerung

In diesem Kapitel werden wir über die Verlängerung von Verträgen oder die Verlängerungsrate und Anreize für die Verlängerung sprechen. Wie wir gesehen haben, besteht der Verkauf aus verschiedenen Elementen und Phasen und vor allem einer der wichtigsten ist die Vertragsverlängerung.

Die Kundenbindung ist sehr wichtig, da wir so eine solide Grundlage schaffen und erreichen können eine bestimmte Art von Umsatz im Laufe der Zeit, so wie das Meer aus kleinen Tropfen besteht, genauso müssen wir unsere Verkaufsaktivitäten sehen, bei denen die Tropfen alle unsere Kunden sind.

Die Verlängerungsrate ist ein Schlüsselelement, um die Kontrolle zu behalten. Durch die Ziele, die wir uns gesetzt haben, können wir am Ende des Jahres sehen, wie viele Kunden sich entschieden haben, ihr Vertrauensverhältnis zu uns zu erneuern, mit allen Mit diesen Daten können wir auch eine Reihe von Analysen durchführen, um besser zu verstehen, wie unsere Verkaufsaktivitäten verlaufen und welche Punkte wir unbedingt erneuern müssen.

In diesem Fall ist es gut, sich an die Kunden zu wenden, die sich erneuert haben, um ihnen zu danken das in uns gesetzte Vertrauen, aber vor allem sollten wir uns an all diejenigen wenden, die sich entschieden haben, nicht zu verlängern, um alle Gründe für ihre Wahl zu verstehen und zu sehen, ob wir ihnen irgendwie eine für sie passende Lösung bieten können.

Um unsere Kunden langfristig zu halten, steht uns ein wichtiges Instrument zur Verfügung, nämlich der Erneuerungsanreiz. Auf diese Weise können wir, wenn ein Kunde keine Verlängerung wünscht, ein speziell auf ihn zugeschnittenes Verlängerungs-Incentive-Angebot erstellen.

Zum Beispiel: „Wenn Sie den Vertrag verlängern, profitieren Sie von Sonderkonditionen, die für Sie reserviert sind", diese Technik kann auch bei Kunden angewendet werden, die sich entschieden haben, ihr Vertrauen in uns zu erneuern, als wäre es eine Art Belohnung, die immer funktioniert Marketing, weil es ein wichtiger psychologischer Hebel ist.

Nehmen wir ein Beispiel: Wenn wir einen Kunden haben, der für das dritte Jahr bei uns verlängert, können wir ihm einen Bonus anbieten, der zusätzliche Dienstleistungen als Treuebonus beinhaltet. Es ist nicht immer ratsam, größere Rabatte anzubieten, denn wenn wir weiter in die Schlacht ziehen Preise jedes Jahr riskieren wir, nicht einmal für uns zuzüglich der Mindestmarge zu haben.

Break-Even-Point und Mindset

Der Beruf des Verkäufers, unabhängig davon, ob er als Freiberufler einzustufen ist oder nicht, ändert nichts am letzten Punkt, nämlich dass man nach den erzielten Ergebnissen bezahlt wird. Um Ergebnisse zu erzielen, braucht man eine präzise Methode. Es ist sinnlos zu leugnen, dass man zum Vergnügen, aber vor allem zum Profit arbeitet, niemand verschwendet gerne seine Zeit damit, nichts zu verdienen.

Gewinn wird erzielt, wenn der Umsatz die anfallenden Kosten übersteigt. Am Anfang kann es völlig normal sein, sich in einer Situation kleiner Verluste zu befinden, besonders in den ersten Monaten, wenn Sie Ihre ersten Schritte in der Branche unternehmen und einige Fehler machen, die es Ihnen nicht ermöglichen, profitable Verträge abzuschließen.

Wenn es möglich ist, den Break-even-Punkt, auch Break-even-Punkt genannt, hinzuzufügen, bedeutet dies, dass die Kosten und der Umsatz gleichwertig sind. Hier entstehen weder Gewinne noch Verluste.

Um diese Zahl zu erhalten, müssen wir die angefallenen Gesamtkosten vom Umsatz abziehen. Diese Kosten sind die Summe der variablen und fixen Kosten, die wir bei der Ausführung unserer Arbeit tragen, und müssen sie daher berücksichtigen.

Unabhängig davon, was wir verkaufen, wir werden immer Fixkosten haben, und unter diesen ist es möglich, die zu verfolgen Büromiete, Autoleasing, Versicherungen oder Mitarbeitergehälter. Zu den Variablen, die sich je nach Arbeit ändern, gehören: Transportkosten, Energiekosten, Materialverbrauch usw.

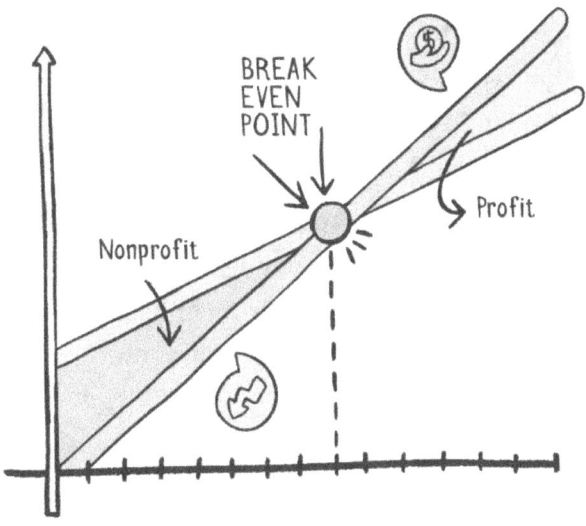

BREAK EVEN POINT GRAPH

Die variablen Kosten steigen tendenziell je nach unserer Arbeit. Wenn wir in einem Zeitraum mehr arbeiten, ist es völlig normal, dass diese Zahl später ansteigt, es hängt von unserer Fähigkeit ab, Einkommen zu erzielen. Die Summe dieser beiden Kosten ergibt die Gesamtkosten.

Dieser Indikator gibt an, ob wir richtig arbeiten oder ob es einen Aspekt zu überdenken gibt, und wir wahrscheinlich unsere Kosten erhöhen müssten, wenn sie zu niedrig wären Verkaufsbemühungen, indem sie mit einer Reduzierung der fixen oder variablen Kosten verbunden werden, um den Gleichgewichtspunkt zu erreichen und ihn dann zu übertreffen, wodurch Gewinne generiert werden.

Um diesen Job optimal auszuführen, braucht man auch die richtige unternehmerische Mentalität, die Situation ändert sich nicht, ob wir ein eigenes Büro haben oder wir Angestellte sind, im Verkauf beginnt der Verdienst des Agenten, wenn er es schafft zu verkaufen und die richtige Einstellung ist Wir müssen auch auftauchen, um Schwierigkeiten auf die richtige Weise zu begegnen und die sich bietenden Chancen zu nutzen.

Wenn wir diese Mentalität erfolgreich entwickeln, können wir unsere Ziele gewinnbringender erreichen. Außerdem ändern wir uns in gewisser Weise, wenn diese Vision umgesetzt wird Herangehensweise an alle anderen Aspekte unseres täglichen Lebens ist ebenfalls sinnvoll.

Die Denkweise bezieht sich auf all die Reihe von Konditionierungen, die wir im Laufe unseres Lebens in gewissem Sinne assimiliert haben, Gewohnheiten, Erziehungspläne und so weiter. Um unsere Ängste zu besiegen, müssen wir an unserem Unbewussten arbeiten, denn ihre Wurzel liegt genau dort. Niemand wird jemals vorbereitet oder perfekt geboren, und es ist gut, sich daran zu erinnern, dass hinter jedem Verkäufer, besonders wenn man sich sehr erfolgreiche ansieht, wirklich viel Arbeit steckt.

Wenn wir zum Beispiel unter Angst leiden, wenn dies nicht gelöst wird Es kann uns sowohl vor als auch während der Arbeit Unbehagen bereiten und unsere Leistung beeinträchtigen. Unsicherheit, wenn sie nicht gelöst wird, kann dazu führen, dass wirklich wichtige Gelegenheiten blockiert werden. Um uns verändern zu können, müssen wir uns allen Faktoren stellen, die uns blockieren.

Angst wird mit Wissen und Übung besiegt, wobei immer eine positive mentale Einstellung beibehalten wird. Selbsterkenntnis ist vergleichbar mit einer echten Reise, manchmal ist es nicht einfach, aber wenn wir in diesem Beruf erfolgreich sein wollen, ist es wirklich wichtig.

Es gibt nicht einmal eine Strategie, die für alle gut ist, denn was für mich funktionieren kann, ist nicht gesagt es ist auch gut für eine andere Person. Wenn wir also feststellen, dass etwas in unserer Methodik nicht funktioniert, ist es angemessen, einzugreifen, anstatt sich entmutigen zu lassen. Die Denkweise ist nie ein Ankunftspunkt, sondern ein sich ständig weiterentwickelnder Prozess, eine persönliche Herangehensweise an verschiedene Situationen.

Welche Eigenschaften müssen wir entwickeln?

- Es ist wichtig, positiv und flexibel zu sein;
- einen kritischen Geist gegenüber der eigenen Person zu haben;
- die Neugier zu haben, den eigenen Blick zu erweitern.

Diese Art von Beruf erfordert eine kontinuierliche Arbeit an sich selbst. Ein Unternehmer zu werden, erfordert eine neue Perspektive, kombiniert mit dem Wunsch, etwas zu bewegen und Ihre Stärken zu nutzen, um Wachstum zu erzielen neue Chancen ergreifen können. Anstatt sich auf Schwächen zu konzentrieren, fangen Sie an, Stärken zu betrachten, psychologisch neigen wir eher dazu, zu bemerken, was uns fehlt, als zu schätzen, was wir haben.

Die Fähigkeit, eine eigene Denkweise zu entwickeln, setzt ein tiefes Wissen über sich selbst voraus. Konzentrieren Sie sich bei Ihrer Arbeit nicht auf hohe Zahlen, sondern auf die Qualität Ihrer Kontakte, so erreichen Sie die gesteckten Ziele, ohne zu viel Zeit zu verschwenden und es darf Ihnen nie die Lust am Lernen und Verbessern fehlen, Wer sich angekommen fühlt, weicht in der Regel nie vom Ausgangspunkt ab! Denken Sie niemals klein, sondern denken und handeln Sie groß, das wird Sie dazu bringen, immer höher auf neue Ziele hinzuarbeiten.

Fangen Sie an, alle negativen Ausdrücke aus Ihrem Wortschatz zu streichen, Sie dürfen nie denken, dass Sie es nicht schaffen werden, setzen Sie sich kleine Ziele, die Sie erreichen müssen, sie sind vor allem zur Stärkung des Selbstwertgefühls unerlässlich.

Wenn Sie handeln, können Sie auch scheitern, Scheitern ist ein Aspekt, dass es Teil der Existenz ist und wenn es passiert, müssen wir einfach aufstehen und aus unseren Fehlern lernen. Wenn wir es schaffen, uns so zu verhalten, bedeutet das, dass wir eine Mentalität in Richtung Wachstum entwickelt haben. Denken Sie daran, dass Sie mit Engagement und Bewusstsein gewinnen, in der ständigen Weiterentwicklung der eigenen Fähigkeiten.

Denken Sie immer daran, dass Sie bei sich selbst beginnen müssen, wenn Sie eine Veränderung umsetzen möchten, und fördern Sie die Entwicklung der richtigen Mentalität, markieren Sie diese Punkte:

- Was Sie heute tun, ist wichtig, wenn Sie eine andere Zukunft wollen;

- Fördern Sie Ihre Denkfähigkeiten und kultivieren Sie Ihre Neugier;
- Positivität hilft immer;
- Es gibt nicht nur einen Weg, um Ihr Ziel zu erreichen... Denken Sie daran!
- Wenn Sie etwas erreichen wollen Veränderung will nicht nur planen, sondern auch handeln;
- Hindernisse sollen überwunden werden.

Wer erfolgreich ist, hat kein Glück, sondern konnte gut an sich arbeiten, um die Chancen optimal zu nutzen und sich so, als gewinnen Verkäufer zu positionieren!

Beste Nutzung neuer Technologien

In Bezug auf den Vertriebssektor haben wir die verschiedenen Techniken, Ansätze usw. gesehen. In diesem Kapitel werden wir darüber sprechen, wie man neue Technologien am besten nutzt, um neue Kontakte zu knüpfen, und ich beziehe mich insbesondere auf:

- E-Mail-Marketing
- Social Marketing
- LinkedIn

Als Verkäufer und insbesondere aus meiner Erfahrung glaube ich, dass persönliche Besuche beim Kunden eine unersetzliche Praxis sind, ich sage dies, nachdem ich verschiedene Kanäle mit unterschiedlichen Funktionen ausprobiert habe.

Im Direktvertrieb ist es möglich, die Aufmerksamkeit des potenziellen Kunden effektiver zu gewinnen als ein Anruf oder eine E-Mail, damit meine ich nicht, dass E-Mail-Marketing, Social Network oder LinkedIn nicht funktionieren, im Gegenteil können verwendet werden, um Online-Leads innerhalb unserer Branche zu gewinnen. In jedem Fall hängt die Wahl von der angebotenen Dienstleistung oder dem angebotenen Produkt ab.

E-mail Marketing

E-Mail-Marketing verwendet, wie der Name schon sagt, E-Mail. Auf diese Weise übermitteln wir Werbebotschaften über neue Produkte oder Dienstleistungen, Informationen usw. an unsere Adressdatenbank.

Namensdatenbanken sind nützlich, wenn wir sie erstellen können, anstatt sie zu erstellen Wenn wir sie von einem externen Dienst kaufen, ermöglicht uns diese Wahl, Kontakte zu haben, die möglicherweise an unserem Angebot interessiert sind, und nicht völlig fremde.

Im ersten Fall, wenn ein Kunde seine Zustimmung zum Erhalt von Informationen gibt, äußert er den klaren Wunsch, erneut kontaktiert zu werden, im zweiten Fall haben wir vielleicht einen Kunden mit bestimmten Eigenschaften, aber es ist absolut nicht sicher, ob er sich für was interessiert wir bieten.

Das E-Mail-Marketing-Tool ist direkt, weil es sich um eine persönliche Kommunikation handelt. In diesem Fall veröffentlichen wir keinen Beitrag, auf den Benutzer reagieren können, hier ist die Beziehung intimer und engagierter. Allerdings sollte betont werden, dass die Kommunikation aus keinem Grund invasiv sein darf, wir dürfen die E-Mail des Kunden nicht mit tausend Nachrichten überfluten, weil wir riskieren, dass er uns nicht mehr liest, sondern sich entscheidet, sich abzumelden.

Grundsätzlich gibt es zwei Möglichkeiten, E-Mail-Marketing zu betreiben:

1. Senden von E-Mails an eine Kontaktliste, die zugestimmt hat, Mitteilungen von uns zu erhalten, ist die korrekte Art, dieses Tool zu verwenden.
2. Versenden von E-Mails an Personen, die keine Mitteilungen von uns angefordert haben, ist nicht ganz effektiv, da es heutzutage viele Mitteilungen gibt und unerwünschte direkt im Spam landen.

E-Mail-Marketing ist effektiv, weil es direkt ist und im Posteingang des Benutzers verbleibt, es sei denn, dieser löscht es, dies unterscheidet es von einem einfachen Post in einem Social Network, der nach verschiedenen Veröffentlichungen in die Warteschlange gestellt wird.

Mit diesem Tool können wir mithilfe der Angebote, des Newsletters und so weiter eine personalisierte Nachricht erstellen. Es ist möglich, die Zielgruppe nach unseren

Vorschlägen zu segmentieren, auf diese Weise erhöhen sich die Konversion-Chancen.

Es gibt mehrere funktionsreichen Softwares auf dem Markt, mit der wir die Wirksamkeit der von uns gesendeten Nachrichten bewerten können. Um eine E-Mail-Marketingkampagne zu starten, ist es nicht notwendig, viel Geld zu investieren, immer mit der Verwendung dieser Anwendungen ist es möglich, das Budget festzulegen und die Konversion jeder unserer Aktionen zu überwachen.

E-Mail-Marketing ermöglicht es uns, um das Vertrauen in uns zu stärken, ohne zu invasiv oder aufdringlich im Leben der Kunden zu sein, in diesem Fall entscheiden sie, ob sie antworten oder nicht. Der Endverbraucher muss in dieser Beziehung einen klaren Vorteil wahrnehmen und aus diesem Grund ist es wichtig, dass jede unserer Kommunikationen in der Lage ist, einen Mehrwert zu vermitteln.

Aus diesen Gründen kann man sagen, dass E-Mail-Marketing nützlich ist, wenn wir:

- Interesse wecken;
- Unser Fachwissen, unsere Dienstleistungen und Produkte bewerben;
- Besucher in Leads umwandeln;
- Durch zufriedene Kunden weitere Publicity generieren.

Wenn Sie beispielsweise eine eigene Website haben, ist E-Mail nützlich, wenn wir für einen neuen Service oder ein neues Produkt werben müssen. Eine relevante und segmentierte Kontaktliste kann es uns ermöglichen, im Vergleich zu Anzeigenkampagnen in Social Media oder in anderen Kanälen etwas Geld zu sparen. Es ist möglich, spezifische Nachrichten für neue Benutzer, für diejenigen, die nur einmal gekauft haben, und für diejenigen, die ihr Vertrauen jedes Mal erneuern, zu erstellen.

Die Segmentierung garantiert uns eine größere Effektivität, es ist sinnlos, eine E-Mail mit dem Produkt oder der Dienstleistung an Kunden zu senden, die es gerade gekauft haben, die Effektivität und Professionalität unserer Nachricht wäre weniger effektiv, wir können dieser Zielgruppe einen Newsletter mit gezielten Ratschlägen senden usw. Es ist ratsam, in diesem Bereich keine Fehler zu machen, insbesondere solche, die von der Eile diktiert werden und die Gefahr laufen, selbst die günstigsten Kunden abzukühlen.

E-Mail-Marketing sollte nicht zufällig durchgeführt werden, da es einen Aktionsplan erfordert. Erstens müssen wir uns über unsere Ziele im Klaren sein, wir können eines oder mehrere haben, aber sie müssen spezifisch sein, sonst riskieren wir, dass unsere Botschaft nicht die richtigen Leute erreicht. Außerdem neigen Menschen dazu, sich ablenken zu lassen, wenn sie nicht genau wissen, was sie zu tun haben, werden sie höchstwahrscheinlich unsere Botschaft verwerfen.

Unser Ziel ist zweifellos, Verkäufe zu tätigen, aber es ist gut zu wissen, dass nicht jeder sofort damit fertig ist, kauffreudig sind, müssen wir die idealen Voraussetzungen dafür schaffen, vielleicht bei einem persönlichen Termin, um zum Ziel zu kommen, können wir mehr Tools und mehr Kanäle nutzen.

Erinnere: <u>in der Kommunikation müssen Sie sich Vertrauen verdienen, indem Sie einen Mehrwert bieten.</u>

Sobald die Ziele festgelegt und die Kontakte auf den Listen gut segmentiert sind, müssen wir entscheiden, welche Art von E-Mail gesendet werden soll, insbesondere gibt es drei:

- Service-E-Mails
- Werbe-E-Mails
- Newsletter

Service-E-Mails

Dies sind Servicemitteilungen, die in bestimmten Situationen an den Kunden erfolgen, beispielsweise wenn er den Newsletter abonniert, wenn er einen Kauf tätigt, wenn es eine Verlängerung gibt oder wenn er Hilfe benötigt. Diese Art von E-Mail hat aufgrund der hohen Erklärungsfunktion und der Tatsache, dass sie mit einer Aktion des Kunden verbunden sind, sehr hohe Öffnungsraten. Da es sich um E-Mails handelt, die fast immer geöffnet werden, ist es möglich, eine Botschaft, die darauf abzielt, die Kundenbindung zu erhöhen, indem man ihm etwas anbietet oder ihm zusätzliche Informationen liefert.

Werbe-E-Mails

Diese Art von E-Mail enthält Werbeaktionen, Rabatte und Neuigkeiten, um Kunden zu faszinieren und anzuziehen, damit sie eine bestimmte Aktion ausführen. Unter anderem ist es möglich, das Angebot anhand der profilierten Eigenschaften des Kunden zu individualisieren.

Diese Werbemethode im Vergleich zum klassischen Werbeflyer ermöglicht es uns auch, Metriken zu analysieren und beispielsweise zu wissen, wie viele Benutzer die Nachricht gesehen haben usw. Auf diese Weise können wir unsere Strategie weiter verbessern.

Newsletter

Diese Art von E-Mail hat größtenteils informativen Charakter und wird regelmäßig an Abonnenten gesendet, die ihre Zustimmung zum Erhalt dieser Informationen gegeben haben. Was kommunizieren Sie mit Newslettern?

Im Allgemeinen werden Informationen, Vorschläge, Ratschläge usw. gesendet. Es ist wichtig, dass jede unserer Nachrichten einen Wert vermittelt, um die Beziehung zum Kunden zu stärken. Der Newsletter hat eine starke psychologische Wirkung, weil er eine Art Verabredung mit dem Benutzer schafft, sie werden normalerweise mit einer genauen Kadenz gesendet und sind auch nützlich, um mehr Verkehr auf die Unternehmenswebsite oder den Blog zu bringen.

Unabhängig von der Art der E-Mail, die Sie senden möchten, müssen Sie sich darüber im Klaren sein, welche Aktion Sie vom Benutzer erwarten, und es ihm leicht machen, dies ohne Schwierigkeiten zu tun. Um sicherzustellen, dass dieses Tool Ergebnisse liefert, ist es wichtig, es auf die richtige Weise zu verwenden und Ihren Zielen zu folgen, um das Vertrauen der Kunden zu gewinnen.

Social Marketing

Die Social Network sind in unserem Leben, aber auch in dem unserer Kunden, allgegenwärtig. Wir können sie nutzen, um uns bekannt zu machen und zu fördern, was wir durch Social Marketing tun. Jeder verbringt viel Zeit in Social Network, aus diesem Grund ist es sinnvoll, diese Kanäle optimal nutzen zu können, auch wenn man bedenkt, dass jeder von ihnen seine eigenen Besonderheiten hat.

Eine gute Strategie muss diese Elemente berücksichtigen:

* Kontinuität bei der Veröffentlichung von Inhalten, die einen klaren Wert für den Benutzer haben müssen, es ist sinnlos, einen Beitrag nur dann zu veröffentlichen, wenn wir etwas verkaufen müssen, es wird eine Kontinuitätsbeziehung mit dem Benutzer in Social Network hergestellt. Kontinuität ist auch notwendig, um die Öffentlichkeit an unser

soziales Profil zu binden, insbesondere wenn wir das Sponsoring der Seite nicht nutzen, in diesem Fall wird die Sichtbarkeit jedes Inhalts verringert und wir riskieren, viel Aufwand für einen Unbedeutenden zu betreiben Ergebnis.

- Die Pflege Ihres Images sowie Ihrer Inhalte erhöht das Vertrauen in uns und erleichtert nachfolgende Marketingaktionen.

- Die Kommunikation muss für ein interessiertes Publikum auf eine Weise erfolgen, die einen Mehrwert schafft, informiert, inspiriert und die Menschen zum Handeln antreibt.

Social-Media-Aktivitäten dürfen niemals als eine Art Hobby strukturiert sein, sondern müssen eine eigene Programmierung haben, sonst sind sie nutzlos. Welche Informationen übermittelt werden, hängt auch von der Art des verwendeten Social Network ab, zum Beispiel:

Instagram ist das visuellste Social Network schlechthin, hier müssen die Fotos schön sein, um Aufmerksamkeit zu erregen, es ist möglich, Social Network zu nutzen, um uns den Kunden in einem anderen Gewand zu zeigen, zum Beispiel bin ich ein Liebhaber von Trekking und Wandern und nutzen Instagram, um mein Hobby zu zeigen, auf diese Weise kann ich die Neugier der Leute wecken, mehr über mich wissen zu wollen, in diesem Fall kommuniziere ich: „Ich habe ein Hobby von mir, aber ich beschäftige mich auch damit", diese Technik hat sich auch bewährt auf TikTok von vielen Unternehmen verwendet, um zu faszinieren und nicht vom ersten Eindruck an zu verkaufen, wird auf diese Weise eine 'virtuelle' Beziehung geschaffen, die je nach Vorschlag auch in der Realität realisiert werden kann.

Welche Plattform die richtige für Sie ist, hängt von der spezifischen Branche ab, in der Sie tätig sind, insbesondere davon, wo sich Ihre potenziellen Kunden befinden. Instagram ist im Vergleich zu Facebook ein soziales Netzwerk mit einer größeren Präsenz junger Menschen, je nachdem, was Sie vorschlagen, können Sie es strukturieren beste Strategie.

Achten Sie auf das Aussehen, das Profilbild, das Cover, die Informationen und die ersten Beiträge oben auf der Startseite werden am häufigsten von Personen gesehen, die zum ersten Mal auf Ihrem Profil landen. Wenn Sie einen Spitznamen verwenden, haben Sie diesen Ein unklares Profilbild und wesentliche Informationen fehlen, ein potenzieller Kunde wird Sie wahrscheinlich nicht ernst nehmen.

Achten Sie darauf, immer ein wahres Bild von sich selbst zu geben, sich als das zu präsentieren, was Sie nicht sind, hilft dem Geschäft absolut nicht, wie wir in den ersten Kapiteln gesehen haben, ist es gut, in einem Meeting neutral zu bleiben, weil wir nicht wissen, wer wir sind Umgang mit, auch in Social Network Sprache ändert sich nicht!

Versuchen Sie, bei der Beschreibung Ihrer Biografie originell zu sein, Sie müssen Neugier wecken und gleichzeitig Ihren Wert vermitteln, der Sie von allem anderen unterscheidet, was sie im Internet finden können. Wenn Sie einen Beitrag veröffentlichen, versuchen Sie, Informationen auf prägnante Weise bereitzustellen. Die Leute lesen eher kurze Beiträge als sehr lange. Wenn Sie sich vorstellen, vergessen Sie nicht zu erwähnen:

- Ihrer Branche und der Rolle, die Sie einnehmen.

- Von Ihren Leidenschaften, ohne sich selbst zu sehr zu loben oder sich als der beste Experte der Welt vorzustellen.
- Von allem, was Sie inspiriert oder motiviert, ist es beispielsweise für diesen Punkt wichtig, auch ein Zitat einzufügen, das Sie repräsentiert, diese wenigen Worte können sofort Empathie zwischen Ihnen und Ihrem Publikum erzeugen.

Social Network lieben komplette Profile, bei denen nichts dem Zufall überlassen wird. Wer diese Anforderungen erfüllt, unterscheidet sich auf LinkedIn von allen anderen durch den Spitznamen: „All Star", ein Plus, das es einem ermöglicht, als Nutzer ganz oben in der Liste zu erscheinen sucht ein Profil mit ähnlichen Fähigkeiten wie wir.

Ein weiteres wichtiges Ziel, das auf Social Media umgesetzt werden soll, ist zu finden, wir müssen den Menschen die Möglichkeit geben, mit uns in Kontakt zu treten oder uns zu erreichen. Wir verwenden auch die Funktion, mehrere Social Network miteinander zu verknüpfen, damit der Benutzer so viele Informationen wie möglich über uns und unsere Aktivitäten erhält.

LinkedIn

LinkedIn hat sich im Vergleich zu anderen Social Network immer als eher korporatives und professionelles Social Network positioniert, alle Fachleute haben hier ein Profil, um sich selbst zu fördern und Kontakte und Beziehungen aufzubauen. In Bezug auf LinkedIn habe ich auch einen speziellen Videokurs auf der Udemy-Plattform erstellt, der ein guter Ausgangspunkt sein könnte, um die in diesem Kapitel vorgestellten Konzepte weiter zu untersuchen.

LinkedIn lädt uns ein, hier ein größeres Bewusstsein zu schaffen, wir können nicht den gleichen Ansatz haben, den wir auf Facebook oder Instagram beobachten. Im Folgenden stelle ich einige wesentliche Ratschläge vor, die meiner Meinung nach befolgt werden sollten, wenn Sie sich auf LinkedIn positionieren möchten:

Es ist wichtig, ein Image zu haben, das unsere Seriosität und Kompetenz vermittelt

Das Image stellt den ersten Eindruck dar, den eine andere Person auf uns ausübt, aus diesem Grund muss es professionell und genau sein. Es ist keine gute Wahl, ein unangemessenes Foto einzufügen oder dieses Feld leer zu lassen.

Die Präsentation hat den gleichen Wert wie das Bild

Zusätzlich zum Foto wird der wahrscheinliche Besucher lesen, wer wir sind und was wir tun. In diesem Fall ist es gut, nicht zu synthetisch oder zu wortreich zu sein, um die Blockade zu überwinden, nicht zu wissen, was er schreiben soll, und sich vorzustellen eine echte Präsentation, was würden Sie zu einer „anderen Person" sagen? Warum sollte ein Kunde Sie einem anderen vorziehen? Differenzieren ist die beste Wahl, wenn der Benutzer auf unsere Seite kommt, müssen wir ihm den Eindruck vermitteln, die richtige Person gefunden zu haben, und wenn wir die Person finden, die zu uns passt, haben wir normalerweise keine Notwendigkeit, weiter zu recherchieren.

Sprechen Sie darüber, was Sie vorschlagen

Soziale Medien sind ein hervorragendes Schaufenster, um über Ihr Unternehmen zu sprechen, um den Wert in jeder Nachricht zu vermitteln und Interesse zu wecken, denn wer würde schließlich eine langweilige Nachricht lesen? Neben Texten, Bildern und Videos, um sich zu präsentieren, kann auch die Veränderung der Kommunikationsform unter Konversion-Gesichtspunkten interessant sein.

Ihr LinkedIn-Profil ist nicht Ihr Lebenslauf

Viele Berufstätige aktualisieren ihr Profil so, wie sie es für einen normalen Lebenslauf tun würden. Diese

Vorgehensweise ist falsch, weil sie nicht sehr interessant und ansprechend ist. Es ist wichtig, über den eigenen Werdegang, die erreichten und zu erreichenden Ziele zu informieren, um die Hingabe zu vermitteln, die wir für das haben, was wir tun.

Erweitern Sie Ihren Kontaktkreis

Einer der Zwecke von LinkedIn ist es, Beziehungen und Verbindungen basierend auf dem, was Sie tun, aufzubauen. Je mehr relevante Kontakte Sie haben, desto größer ist das Gefühl der Zuverlässigkeit, das von denjenigen wahrgenommen wird, die unser Profil besuchen. Eine Möglichkeit, diese relevanten Beziehungen zu finden, besteht darin, Branchengruppen innerhalb derselben Plattform beizutreten, damit Sie potenziell interessante Personen und wahrscheinliche zukünftige Kunden kennenlernen können.

Das Profil wird ständig aktualisiert

Das soziale Profil muss mindestens einmal täglich aktualisiert und besucht werden, insbesondere um Nachrichten zu überprüfen und als aktives Mitglied der Plattform zu gelten. Die Teilnahme muss qualitativ hochwertig sein, um das mit unserem Image verbundene Vertrauensgefühl zu stärken.

Abschließend kann gesagt werden, dass soziale Kanäle und E-Mail für unsere Arbeit wichtig sind, da sie es uns ermöglichen, einem breiteren Publikum bekannt zu werden, aber wir müssen bedenken, dass es immer ratsam ist, nicht zu viele Informationen zu geben.

In unserer Kommunikation müssen wir Neugier wecken, um sicherzustellen, dass Kunden ermutigt werden, mit uns zu interagieren. Wenn wir die Preise unseres Angebots in einer

Kommunikation oder in einem Post veröffentlichen, besteht ein hohes Risiko, all jene Kunden zu verlieren, die Vorbehalte zeigen und bestehen weiter, da wir keine Möglichkeit haben, ihre Bedürfnisse zu untersuchen oder ihnen gar einen Gegenvorschlag zu unterbreiten.

Wenn ich Dienstleistungen verkaufe, erstelle ich einen Beitrag, wo ich kurz erkläre, was ich für den Kunden tun kann, um eine Interaktion zu generieren, wenn ich sonst auch meinen Tarif hinzufüge, ist klar, dass einige Kunden vorbeikommen, das ist zu Ihnen sagen, dass es immer eine Strategie braucht, soziale Medien und andere Kanäle sind ebenfalls nützlich, aber wir müssen sie immer zu unseren Gunsten nutzen, denn wenn wir einen Beitrag erstellen, haben wir nicht alle Möglichkeiten, die uns sofort eine direkte Interaktion ermöglichen, wo wir sie verstehen können der Widerstand des anderen.

Die besten Kanäle, um neue Inbound- und Outbound-Kontakte zu finden

In diesem Kapitel werden wir über die Methode der Suche nach neuen Kontakten über Inbound- und Outbound-Kanäle sprechen, wie Sie im Bild unten sehen können, gibt es viele Unterschiede, auch wenn der Zweck immer nur einer ist, nämlich neue Kontakte zu akquirieren und zu knüpfen selbst bekannt.

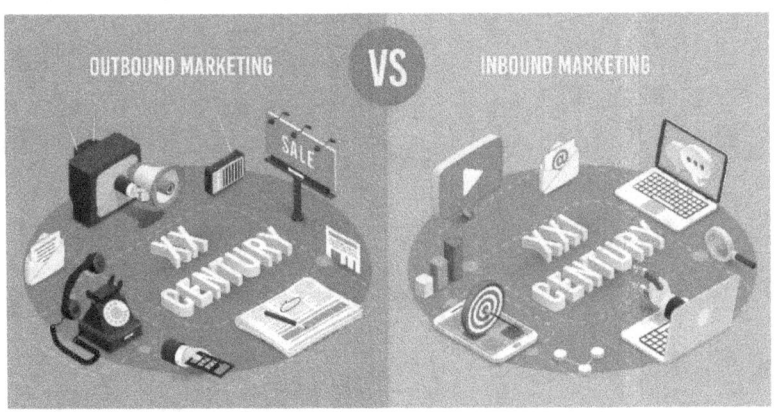

Inbound- und Outbound-Kanäle

Diese Kanäle sind nicht veraltet, im Gegenteil, sie werden heute noch gewinnbringend genutzt und betreffen Werbung in der Presse, über Radio und Fernsehen, Telemarketing und Direktwerbung. Inbound-Kanäle beziehen sich auf Social Network, das Web und E-Mail-Marketing. Das Verbraucherverhalten in Kombination mit einer vorherrschenden Entwicklung der Technologie hat uns zu einer stärkeren Integration zwischen ausgehenden und eingehenden Kanälen geführt. Heute nutzt niemand einen zum Nachteil des anderen, aber wir versuchen, das Beste zu bekommen, was sie anbieten können, auch abhängig davon, was wir anbieten.

Die Stärke des Vertriebskanals Outbound basiert sich auf:

- Wissen und Respekt;
- die Pflege von Sprache und Auftreten;
- die Kenntnis von Werbekanälen
- den Wunsch, Grenzen immer wieder zu überwinden und sich neuen Herausforderungen zu stellen.

Mit dem Aufkommen des Internets hat sich die Art und Weise der Kommunikation verändert, heute sind die Seiten im Netz im Vergleich zu früher das Hauptmedium für die Übermittlung von Informationen geworden, das Ziel hat sich nie geändert, weil es geblieben ist, den Benutzer zu bringen, um eine Konversion zu erzielen.

Die Stärke des Inbound-Vertriebskanals basiert sich auf:

- Anziehen
- Einbeziehen
- Erobern

Um neue Besucher und mögliche Kunden zu gewinnen, nutzen Sie am besten diese Tools:

- Anreicherung der Website/des Blogs mit nützlichen und relevanten Informationen;
- die Verwendung von SEO für eine effektive Positionierung;
- die Verwendung von Social Network;

- die Verwendung von ADV-Kampagnen.

Um Besuche in gewinnbringende Kontakte zu verwandeln, verwenden Sie am besten diese Tools:

- eine Landingpage;
- Aktionen, die einen Call-to-Action ermöglichen;
- Chatbots für erste Hilfestellungen;
- Demos zu dem, was wir tun oder anbieten;
- Informative Webinare, die helfen, noch mehr Wert zu schaffen.

Um die Beziehung zu den erworbenen Kontakten zu erobern und zu festigen, ist es besser, diese Tools zu verwenden:

- E-Mail-Marketing ohne Spam, andernfalls riskieren Sie, blockiert zu werden.
- Live-Chat, um Unterstützung und Unterstützung anzubieten, Kunden schätzen heute Aktualität, wenn sie Fragen oder Zweifel haben.
- Eine Community, um sich als Teil eines großen und ansprechenden Projekts zu fühlen.
- Exklusive Boni fungieren als Belohnung für den Kunden und für uns als zukünftige höhere Einnahmen.

Traditionelle Medien haben sich im Laufe der Jahre weiterentwickelt, denken Sie nur an die Werbeschilder, die wir in unseren Städten sehen, neben den klassischen Papierschildern werden sie von vollständig digitalisierten LED-Schildern flankiert. Im Vergleich zu den neunziger Jahren des letzten Jahrhunderts stehen uns heute viel zahlreichere Kommunikationsstrategien zur Verfügung, wenn sie einerseits die Arbeit erleichtern, andererseits ist es notwendig zu verstehen, welche für unsere Strategie nützlicher sein kann.

Es stimmt zwar, dass wir immer verbunden sind, aber wir müssen auch zugeben, dass wir gut darin geworden sind, Werbung zu umgehen, aber damit Menschen eine bestimmte Aktion ausführen, ist es notwendig, dass unsere Botschaft wertvoll ist und nicht den Standardlinien folgt, wie sie es vielleicht tun würden unpersönlich wirken lassen. Der Kunde ist keine isolierte Einheit, heute müssen wir dazu neigen, eine Beziehung aufzubauen, wenn etwas fehlt, wird die Bindung zerrissen, wie es bei jeder Beziehung der Fall ist.

Wir können das Vertrauen in uns durch Rabatte, Geschenke oder Dienstleistungen stärken, diese Techniken wecken das Schuldgefühl des Verbrauchers, der eher geneigt ist, uns gegenüber zu handeln.

Wenn die Outbound-Techniken nicht richtig gemacht werden, der Käufer unsere Aktion als Eingriff in sein tägliches Leben wahrnimmt und nicht einmal auf uns hört, ist es sehr wichtig, die richtige Herangehensweise zu haben, wenn Sie Ergebnisse erzielen wollen.

Heute im Vergleich zu in Früher nutzten die Menschen das Netz, um die Lösung zu finden, die sie brauchten, wenn die Kommunikationsmethode einst passiv war, jetzt hat sie sich geändert und ist viel aktiver und partizipativer.

Inbound-Marketing ist eine Methode, die es uns ermöglicht, Kunden anzuziehen, als ob wir einen Magneten zur Verfügung hätten. Um unser Geschäft auszubauen, müssen wir wertvolle

Inhalte anbieten, die dem vom Kunden geäußerten Interesse entsprechen.

Die Tools, die uns zur Verfügung stehen, sind wirklich viele, wir können Anwendungen verwenden, die es uns ermöglichen, die über E-Mail-Marketing gesendeten Nachrichten zu personalisieren, wenn wir die Sichtbarkeit der veröffentlichten Inhalte erhöhen möchten, können wir Sponsoren verwenden, die es uns ermöglichen, diese zu erhalten ein Fluss mehr Verkehr auf der Website oder dort, wo wir es brauchen.

Die Daten dieser Marketingkampagnen werden dann zum Untersuchungsgegenstand, um zu verstehen, was die Spielräume für Verbesserungen und die wahrscheinlichen Fehler sind.

Um qualitativ hochwertigen Traffic zu generieren, müssen wir SEO verwenden, dies ermöglicht uns, organische Besuche von höherer Qualität als die klassische Werbung zu erhalten Kanäle können die Kosten viel leichter wieder hereingeholt werden, da der ROI bei dieser Methodik viel höher ist als bei allen anderen.

Um mit Inbound Vorteile zu erzielen, ist ein ganzheitlicher Ansatz erforderlich. Es reicht nicht aus, eine Website zu eröffnen oder einen Blog zu haben, sondern es ist unerlässlich, eine Strategie umzusetzen, die uns Ergebnisse bringen kann, um die Daten zu verwalten und Quant andere durch ein CRM, SEO, die ständige Veröffentlichung wertvoller Inhalte, die Erstellung spezifischer Kampagnen, um die Öffentlichkeit erreichen zu können und neue Kontakte zu gewinnen, die möglicherweise an unserer Arbeit interessiert sind.

Viel Geld für Werbung auszugeben, ist nicht gleichbedeutend mit einer Erfolgsgarantie, es bewirkt an sich keine Wunder, es sei denn, es wird harte strategische Arbeit geleistet, um ganz bestimmte Ziele zu erreichen. Eines der Geheimnisse ist die effektive Kommunikation, wenn es funktioniert, werden die Ergebnisse nicht lange auf sich warten lassen, ohne dass enorme wirtschaftliche Kosten im Werbebereich entstehen müssen.

Bei der Kommunikation ist es wichtig, den richtigen Ansatz zu haben, wir dürfen nicht emotional distanziert sein, weil wir einen Bildschirm vor uns haben, wenn unsere Kommunikation kalt ist, wird es der andere definitiv spüren. Empathie ist sowohl online als auch offline nützlich, wenn wir mit anderen Menschen interagieren.

Meiner Meinung nach muss das Internet als Verstärker von Möglichkeiten gesehen werden, aber dies darf in keiner Weise unsere Natur ändern. Jeder, der auf dem Weg der Professionalität arbeitet, weiß genau, dass es keine Abkürzungen gibt, sondern nur Methode und Arbeit an sich selbst.

Zahlungen, Zahlungsrückstände und Streitbeilegung als Chance

Im Verkauf kann es vorkommen, dass unsere Kunden Schwierigkeiten haben, Zahlungen zu leisten, sie können zu schlechten Zahlern werden und uns in eine Situation bringen, in der wir ihre Zahlungsrückstände regeln müssen.

Dieses Ereignis sollte nicht als Ärgernis, sondern eher als Gelegenheit zur Bewältigung interpretiert werden, genauso müssen wir mit Streitigkeiten umgehen, wenn ein Kunde mit unserer Arbeit nicht zufrieden ist, anstatt uns zu verteidigen oder es als langweilige Aktivität zu sehen, ist es gut, das Geschehene als Chance zu interpretieren.

Ein Problem hat immer eine Lösung, wenn Sie sich nur auf die Aspekte konzentrieren, die falsch sind, ist es schwierig, die Chancen zu sehen, die sich ergeben können. Es ist sinnlos, die Existenz zu verkomplizieren, indem wir fragen, warum die Ereignisse, die uns passieren, zu viele Fragen stellen, die uns von Maßnahmen abhalten, die rechtzeitig erfolgen müssen. In einer zweiten Phase könnten wir die Ausgangspunkte analysieren und verstehen, wie wir dies sicherstellen können nicht aufstehen oder wie wir eingreifen können, immer unser Bestes tun.

Es ist wichtig, dass unsere Einstellung immer positiv ist, wenn der Kunde besorgt ist, und wir sind es auch, werden wir ihm sicherlich keine gute Portion Mut machen. Einer der ersten Männer, der hinter einem Problem eine Chance sah, war Galileo Galilei, aus diesem Grund ist es bei dieser Arbeit entscheidend, sich nicht entmutigen zu lassen, sondern allem offen und immer mit einem Lächeln zu begegnen!

Wie ist es möglich, diese Situationen als Chancen zu handhaben?

Wenn wir zum Beispiel Zahlungen verwalten müssen, die eingezogen werden müssen, können wir eine Art Verhandlung mit dem Kunden erneut eröffnen, um zu verstehen, was die wahren Gründe für diese Verzögerung sind, falls es sie gibt, war ein Problem mit der Bereitstellung unserer Dienstleistungen und an diesem Punkt besteht der entscheidende Schritt darin, Lösungen anzubieten:

- Durch die Stundung der Zahlung;
- Zusatzleistung als Anreiz gegen eine sofortige Zahlung angeboten werden.

Dies sind Gelegenheiten, mit dem Kunden ins Gespräch zu kommen, um Vorteile zu erzielen. Dasselbe kann auch passieren, wenn eine Beschwerde eingereicht oder ein Streitfall eröffnet wird. Wir dürfen uns nicht darauf beschränken, zuzuhören, sondern es ist notwendig, der Situation auf den Grund zu gehen, um den Grund und den Ort des beanstandeten Problems zu verstehen ist entstanden.

Um die Situation zu lösen, ist es notwendig, die Bedürfnisse des Kunden zu erfüllen, natürlich können wir je nach Branche unterschiedliche Ansätze entwickeln. Oftmals kann aus einem kleinen Streit eine große Verkaufschance entstehen, man darf nie beim Schein stehen bleiben, besonders in diesem Job, wo Verständnis für den anderen ein grundlegender Aspekt ist.

Wenn sich der Kunde automatisch verstanden und geholfen fühlt, steigt auch sein Vertrauen und seine Wertschätzung uns gegenüber, und es ist ein wesentlicher Faktor, im Verkauf ist es nicht schwierig, Verträge abzuschließen, wenn alles gut läuft, die Fähigkeiten eines erfolgreichen Verkäufers zeigen sich besonders dann Schwierigkeiten entstehen.

Vergessen Sie nicht, dass sogar der große Albert Einstein sagte: *„Man kann ein Problem nicht mit der gleichen Mentalität lösen, durch die es entstanden ist"*.

Mitarbeiter, Schulung und Rekrutierung, um ein Vertriebsnetz aufzubauen und zu verwalten

In diesem Kapitel behandeln wir die Frage, wie Sie Mitarbeiter finden und Ihr Vertriebsnetz schulen können. Nicht alle Jobs in diesem Bereich erfordern unbedingt Mitarbeiter. Am Anfang können wir als einzelne Verkäufer geboren werden, aber mit der Zeit und Erfahrung können wir das Bedürfnis verspüren, Mitarbeiter zu haben.

Verkaufen ist der leichteste Beruf der Welt – wenn man konsequent arbeitet. Aber er ist der härteste Beruf der Welt, wenn man glaubt, ihn auf leichte Weise ausüben zu können.

Frank Bettger

Die Mitarbeiter leisten unschätzbare Hilfe bei der Tätigkeit, unabhängig von der Branche, mit der wir uns befassen, wir verwalten sicherlich auch den Kundendienst, in diesem Fall haben wir einen Mitarbeiter, der sich darum kümmert, den Kunden in den Phasen nach der Bestellung zu verfolgen, um zu sehen, ob alles funktioniert sich zum Guten gewendet hat oder Sie etwas anderes brauchen, können Sie sich als wertvolle Unterstützung erweisen, denn wir könnten diese Zeit nutzen, um neue Kontakte zu pflegen, unser Geschäft zu fördern und auszubauen.

Um ein Team besser führen zu können, müssen wir über Zuhör- und Führungsqualitäten verfügen, um unser Vertriebsteam auf profitable Weise besser koordinieren zu können. Zuhören ist eine sehr wichtige Eigenschaft, die nicht nur in einer Verkaufsphase, sondern vor allem auch in der Beziehung zu unseren Kollegen oder Mitarbeitern eingesetzt werden sollte.

Verkaufen kann als Einzel- aber auch als Teamleistung betrachtet werden, damit alles optimal funktioniert, müssen alle „Zahnräder" zusammenarbeiten. Im Laufe unserer Karriere müssen wir uns auf verschiedene Zahlen beziehen. Wenn unser Ansatz produktiv und positiv ist, wird dies auch das Ergebnis sein, das wir uns selbst setzen.

Wenn die Rolle, die wir übernehmen, die eines Managers ist und wir ein eigenes Team haben müssen, ist es für eine hervorragende Fortsetzung unserer Arbeit wichtig, die richtigen Zahlen zu identifizieren, und dazu können wir die Personalabteilung unseres Unternehmens nutzen

Unternehmen oder wir müssen uns auf die Suche nach den am besten geeigneten Mitarbeitern begeben.

Die erste Anforderung, die wir untersuchen müssen, ist sicherlich die starke Motivation der Menschen, die bei uns arbeiten. Der Verkauf kann nicht als bloßer Bürojob angesehen werden, sondern es ist viel mehr, es sind weitere Fähigkeiten erforderlich, um sicherzustellen, dass alles perfekt funktioniert.

Die Mitarbeiter müssen auf der Grundlage ihrer Fähigkeiten ausgewählt werden, in einem expandierenden Vertriebsnetz werden mehrere Positionen benötigt, von der Sekretärin, die Termine und Anrufe verwaltet, bis zum Juniormitarbeiter, der seine ersten Schritte unternimmt.

Die Wahl muss auf der Grundlage dessen getroffen werden, was wir auf dem Lehrplan sehen, aber auch auf der Grundlage der Empfindungen, die diese Menschen uns vermitteln, denn einmal können wir uns in die Lage unserer Kunden versetzen und sehen, ob wir die Nase vorn haben Jeder von uns hat das Zeug zum Verkaufen!

Aufgrund der starken Mitarbeiter ist es unerlässlich, einen Schulungskurs hinzuzufügen, wir müssen unbedingt in der Lage sein, unsere Leidenschaft an andere weiterzugeben, um sicherzustellen, dass sie sich motiviert fühlen, diese Arbeit zu übernehmen, sogar zu wissen, dass es auch hier Schwierigkeiten gibt, die nicht als Haltepunkte zu sehen sind, sondern als Propeller, es immer besser zu machen.

Was uns betrifft, so ist die Weiterbildung für unsere Mitarbeiter kontinuierlich, wie Sie vielleicht schon erraten oder erfahren haben, hört man in diesem Sektor nie auf zu lernen, man darf nie das Gefühl haben, angekommen zu sein, egal in welcher Position.

Das Management von Mitarbeitern wird einfach, wenn Sie organisiert sind. Ich rate Ihnen, einige Aspekte nicht dem Zufall zu überlassen, da Sie riskieren könnten, dass etwas nicht nach Ihren Wünschen läuft. Ernsthaftigkeit ist bei der Arbeit erforderlich, insbesondere wenn eine Verpflichtung eingegangen wurde, die Beziehung muss sein auf Gegenseitigkeit und auf Augenhöhe, denn das Ziel des Wachstums ist nicht nur der Einzelne, sondern immer das ganze Team!

Ziele, CRM und Ergebnismessung

Wir haben auch in den vorherigen Kapiteln gesehen, wie wichtig es ist, die zu erreichenden Ziele unter Kontrolle zu halten, die auf diese Eigenschaften reagieren müssen:

- Konkret
- Erreichbar
- Zeitschaltuhr
- Messbar
- Anregend

Die erste Anforderung der Konkretheit ist wesentlich, denn das, was wir uns setzen, kann nicht traumhaft sein, sondern muss zur realen Welt gehören, jedes Ziel muss erreichbar, zeitlich messbar und messbar sein, um auch Informationen über unsere Leistung, Erfolge und Schwierigkeiten zu erhalten, auf die wir gestoßen sind. Die letzte Voraussetzung ist nicht weniger wichtig, denn wenn mich das Ziel nicht reizt, werde ich kaum den Willen und die Ausdauer finden, es zu erreichen.

Um sie erreichen zu können und vor allem keine Verhandlung zu verlieren, gibt es Software, die dabei hilft, die verschiedenen Schritte der Verkaufsverhandlungen zu managen, um anschließend die erzielten Ergebnisse analysieren und somit unter Kontrolle halten zu können. Bei der Verwaltung meiner Arbeit habe ich immer ‚**Sellf**' verwendet, und ich glaube, dass dieses Managementsystem auch für Ihre Verkaufsarbeit nützlich sein kann, unabhängig davon, welches Produkt Sie verwalten.

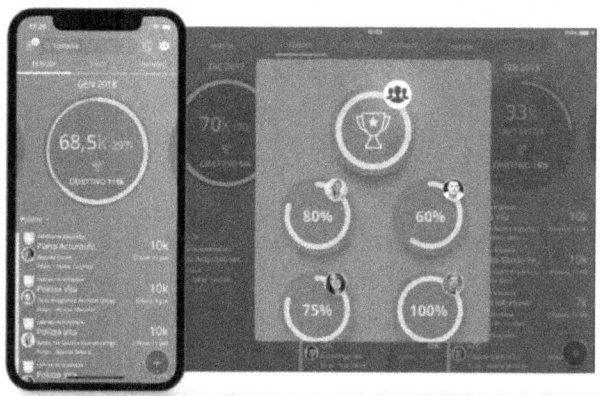

Dieses CRM verfügt über mehrere nützliche Funktionen, die es uns ermöglichen, unsere und Arbeitsgruppenverkäufe zu beschleunigen, nicht nur, weil es uns ermöglicht, Kunden, Zeit und Verhandlungen besser zu verwalten. Es kann gewinnbringend eingesetzt werden, sowohl wenn wir Einzelverkäufer sind, als auch wenn wir mehrere Mitarbeiter verwalten, um die Situation immer unter Kontrolle zu haben.

Diese Software ist sehr vielseitig, da wir sie von jedem Gerät aus verwenden können. Wenn man bedenkt, dass die Verkaufsarbeit uns oft außerhalb des Büros führt, ist es praktisch, das Geschäft sogar von einem Smartphone aus verwalten zu können.

In der Anwendung können wir beobachten Die Verhandlungen, in denen wir uns befinden, würden uns außerdem ermutigen, unsere Ziele durch Ziele und Benachrichtigungen zu erreichen. Schauen wir speziell die Features an: **Kundenmanagement**

Es ist möglich, alles, was wir über unsere Kunden wissen, mit nur einem Klick zu überwachen, und ich beziehe mich nicht nur auf Kontaktdaten, sondern auch auf alle Aktivitäten, die wir mit ihnen durchgeführt haben, von E-Mails bis hin zu Telefonaten. Diese Chronologie kann mit Ihrer Arbeitsgruppe geteilt werden, um die Zeiten besser zu optimieren und den Termin profitabler zu gestalten. Stellen Sie sich einen Termin mit dem Kunden vor und erwähnen Sie unter den verschiedenen Themen etwas, das er Ihnen bei Ihrem letzten Treffen gesagt hat. Auf diese Weise können Sie in seinen Augen mit größerer Professionalität auftreten, wenn Ihnen in Wirklichkeit eine kurze Überprüfung seines Kontakts genügt hat. All dies ermöglicht es Ihnen, sofort Maßnahmen zu ergreifen und zeitnah auf Kundenanforderungen zu reagieren. Weitere zu beachtende Aspekte:

* Diese App mit der ‚Keep in touch' -Funktion erinnert Sie an jedes Ereignis, damit Sie nicht Gefahr laufen, etwas zu vergessen
* Dank der Integration mit Google Maps können Sie Ihre Reisen besser planen
* Leistungskennzeichnungen und persönliche Datenblätter ermöglichen es Ihnen, jedes Detail hinzuzufügen
* Mit Filtern können Sie Kunden segmentieren, um die Konversionsraten zu verbessern
* Wenn Sie eine Website mit dieser App haben, können Sie anonyme Besucher konvertieren, indem Sie sie dazu bringen, ein Kontakterfassungsformular auszufüllen. Sie werden mühelos eine betriebsbereite Registrierung finden.

Verkaufsleitung

Auf psychologischer Ebene erhöhen wir durch das Aufschreiben eines Ziels die Wahrscheinlichkeit, dass es erreicht wird. Mit dem Vertriebsmanagement ist es möglich, sich selbst und anderen klare und definierte Ziele zuzuweisen. Über einen intuitiven Bildschirm können Sie Ihren eigenen Fortschritt und den anderer in einer anspornenden und motivierenden Perspektive sehen, um die vorab festgelegten Ziele zu erreichen. Außerdem:

* Deals sind in jeder Phase des Verkaufsprozesses immer sichtbar.

* Es ist möglich, die heißesten und vielversprechendsten im Vergleich zu den anderen zu filtern, um die erforderlichen Anstrengungen zu zielen.

* Durch das Verständnis der häufigen Ausfallursachen unter verschiedenen Aspekten ist eine Analyse möglich.

* Alles, was zwischen uns und dem Kunden passiert, wird bequem aufgezeichnet, so können wir alle Informationen, die wir brauchen, auf einen Blick ablesen.

* Wir schaffen es, unsere Zeit zu optimieren, um uns auf andere, wichtigere Aspekte zu konzentrieren.

* Es ist auch möglich, verschiedene Verkaufsströme zu verwalten, wenn wir beispielsweise mehrere Geschäftslinien verfolgen müssen.

* Es ist möglich, jeder Verhandlu.ng ein Produkt zuzuordnen, auf diese Weise können wir leicht eine Liste mit den am häufigsten verwendeten Preisen in der Verhandlung erstellen, diese Funktion ermöglicht eine erhebliche Zeitersparnis.

Gamification

Gamification erhöht die Zusammenarbeit und motiviert das Arbeitsteam, kommerzielle Ziele zu erreichen. Auf psychologischer Ebene ist es viel wahrscheinlicher, dass Sie einen Verkauf positiv abschließen, wenn Sie sich motiviert fühlen, selbst ein einfaches Abzeichen kann den Unterschied machen und Sie dazu anspornen, immer mehr zu tun.

Effektives Management des Vertriebsnetzes

Wenn die Verwaltung des Vertriebsnetzes klar und effektiv ist, wird es noch funktionaler. Die mehrstufige Verwaltung ermöglicht es Ihnen, das Network der Hierarchien zwischen den verschiedenen Verkäufern nachzubilden, auf diese Weise können die verschiedenen Zugriffsebenen und die entsprechenden Berechtigungen durch ständige Überwachung der Leistung festgelegt werden.

Kommunikation mit dem Vertriebsnetz

Gute Kommunikation ermöglicht Ihnen einen vollständigen Überblick über die Produktivität Ihrer Gruppe. Innerhalb der Anwendung gibt es eine jederzeit einsehbare Historie, die es Ihnen ermöglicht, sich ein Bild vom Fortgang der Arbeiten zu machen. Dies vermeidet eine direkte Kontrolle, die meistens nicht nur lästig sein kann, sondern einen großen Teil unserer Zeit in Anspruch nimmt. Mit einem Klick können Sie alles sehen, sowohl Ihre Aktivitäten als auch die anderer. Unter den verschiedenen Mitteilungen gibt es auch solche, die die erzielten Erfolge feiern, um Begeisterung zu verbreiten und das gesamte Network noch mehr zu motivieren.

Visuelle Analyse der Ergebnisse

Die Informationen können auch über sehr intuitive Statistiken abgerufen werden, um den Fortschritt und die Punkte, an denen Verbesserungen erforderlich sind, sofort zu sehen. Es kann auch ein bestimmtes Zeitintervall gewählt werden, um unsere Analyse noch leistungsfähiger zu machen. Außerdem können wir wissen:

* Was sind die meistverkauften Produkte und ihre Gewinnmargen
* Welche Kunden sind profitabler oder welche Teamressource zeigt die besten oder schlechtesten Ergebnisse, um umgehend mit spezifischer Unterstützung einzugreifen
* Durch die Grafiken ist es möglich zu verstehen, wie viel unser System effektiv ist oder nicht
* Dank anderer Statistiken ist es möglich, herauszufinden, welche die besten Kanäle zur Kundenakquise sind, um sich auf die profitabelsten zu konzentrieren
* Immer durch die Statistiken ist es möglich, alle Faktoren auf einer tieferen Ebene zu verstehen die Fehler erzeugen

Kalender & Agenda

Der Kalender zusammen mit der Agenda ermöglicht es Ihnen, jede Veranstaltung im Voraus zu planen. Viele glauben, dass das Kostbarste Geld ist, aber in Wirklichkeit ist der Aspekt, dem wir mehr Aufmerksamkeit schenken müssen, die Zeit. Wenn der Zeitfaktor schlecht gehandhabt wird, erleiden wir auch einen finanziellen Verlust, wir fühlen uns unschlüssig und unzufrieden, ohne den zunehmenden Stress zu vergessen, der sicherlich nicht viele Vorteile bringt. Die Vorteile dieses Abschnitts der App sind:

* Die Möglichkeit, Telefongespräche, Veranstaltungen, Besprechungen, Termine usw. im Voraus zu planen.
* Wenn dem Kontakt eine Adresse zugeordnet ist, wird seine Position direkt auf der Karte angezeigt, um unsere Organisation noch effizienter zu machen
* Es ist möglich, alle Verpflichtungen des Vertriebsnetzes mit wenigen Klicks zu überwachen
* Die Verpflichtungen können geteilt werden mit eigenen Mitarbeitern, während die privaten nur für uns sichtbar bleiben

Memo

Die „Memo" erleichtert die Planung, denn es ist wichtig, Ereignisse aufzuschreiben, aber es ist auch wichtig, sich an sie zu erinnern. In diesem Fall müssen wir uns keine Sorgen machen, da die App sich durch Benachrichtigungen und Warnungen um alles kümmert.

Notizen und Dokumente

Die Funktion „Notizen und Dokumente" ermöglicht es uns, alles aufzuschreiben, was wir wollen, mit der gleichen Funktionalität wie in einer Zwischenablage. Wenn wir außerdem Dokumente aufbewahren müssen, können wir sie hier ablegen, damit wir sie überall bearbeiten, teilen und verwenden können finden.

Der Job des Verkäufers erfordert eine großartige Organisation und es ist nicht möglich, ihn, ohne die Unterstützung eines gültigen CRM optimal zu erledigen, selbst wenn Ihr

Unternehmen Ihnen ein grundlegendes bietet, rate ich Ihnen, dasjenige zu finden, das zu Ihnen passt, wo das Mit den internen Funktionen können Sie Ihre Arbeit auf einen Blick überwachen.

Kundendienst und Bereitstellung von verkauften Dienstleistungen

Wie wir bei den verschiedenen Verkaufsprozessen gesehen haben, ist der Aspekt „After-Sales" sehr wichtig, da er innerhalb der vorher festgelegten Zeiten mit dem Endkunden verwaltet und überwacht werden muss. Unabhängig davon, ob wir uns mit dem Verkauf von Dienstleistungen oder Produkten befasst haben, müssen wir immer überwachen, dass die nachfolgenden Phasen die getroffenen Vereinbarungen einhalten.

Um diese Schritte optimal durchzuführen, empfehle ich die Verwendung dieser Anwendung, die auch zusammen mit anderer Software des Unternehmens, für das wir arbeiten, verwendet werden kann. Mit **Trello** können wir die After-Sales-Phasen besser organisieren und verwalten. Unter den verschiedenen Funktionen ist Folgendes möglich:

- Organisieren Sie die Aktivität ausgehend von einer Pinnwand voller Listen und Karten, die vollständig organisiert werden können, um den Teamgeist zu fördern.
- Es ist eine einfache und sehr intuitive Software, die nicht nur für die Arbeit, sondern auch privat verwendet werden kann.
- Sie können Informationen und Dateien mit Ihren Mitarbeitern teilen.

- Sie können Ihr Team dank einfacher und intuitiver Funktionen koordinieren.

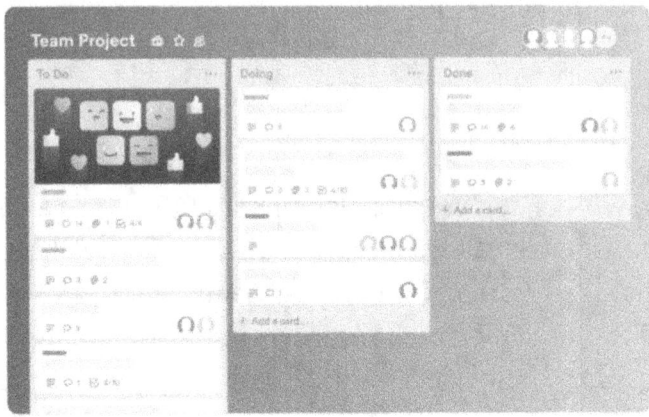

Diese Anwendung in ihrer Einfachheit erleichtert die Verkaufsarbeit und ermöglicht es uns, die Ziele auch dank der Planung ständig im Auge zu behalten. Die Elemente dieser Anwendung sind vier:

- Das **Control Panel** ist der Ort, an dem wir alles überwachen und die gewünschten Projekte in einem privaten Modus platzieren können, in dem der Inhalt nur für uns zugänglich ist, in einem für unsere Mitarbeiter sichtbaren Modus und in einem öffentlichen Modus, in dem der Inhalt angezeigt werden kann Jeder hat unsere URL.
- Die **Listen** sind sichtbare Spalten innerhalb des Kontrollpanels, sie sind nützlich, um den Status des laufenden Projekts zu definieren, um es besser überwachen zu können, es ist möglich, die Listen nach Bedarf hinzuzufügen oder zu entfernen.
- Die **Registerkarten** fungieren als Container für die einzelnen Aktivitäten und befinden sich innerhalb der

110

Listen, hier ist es möglich, Mitarbeiter hinzuzufügen, die verschiedenen Fristen zuzuweisen, Bild- oder Textdateien hochzuladen, sie in Mikroaufgaben zu unterteilen und auch die anderen Mitglieder zu markieren Ihr Team ggf. Diese Art von Werkzeug in unserer Arbeit ermöglicht es uns, die Situation immer unter Kontrolle zu haben, um jeden Vorgang einfacher zu verfolgen.

- Das **Menü** ermöglicht es uns, die Mitglieder und die verschiedenen Einstellungen entsprechend unseren Bedürfnissen zu verwalten.

Dies sind die wichtigsten Trello-Funktionen, die ich Ihnen gezeigt habe, die ich insbesondere verwende, um alle After-Sales-Schritte zu verfolgen. Wie wir eingangs gesehen haben, endet die Aufgabe des Verkäufers nicht mit der Vertragsunterzeichnung, sondern geht noch viel weiter, denn alles, was wir in der Verhandlung versprochen haben, muss dann auch in die Tat umgesetzt werden.

Empfehlungen verwalten, weil ein NEIN manchmal nicht für immer ist

Referenzen in diesem Bereich kommen häufig vor, wobei betont werden muss, dass es wichtig ist, sie zu verwalten, da ein „Nein" meistens nicht für immer ist. Wenn wir Besuche machen oder versuchen, potenzielle Kunden zu kontaktieren, werden wir feststellen, dass es mehr Neins als Jas gibt, die „Neins" müssen als Gelegenheiten gehandhabt werden und nicht so, als ob verschlossene Türen vor uns stünden.

Mit der Erfahrung lernen wir, sie zu unterscheiden, denn nicht alle „Neins" die zu uns gesagt werden, sind gleich, es ist wichtig, das Nein der Person, die absolut nicht an dem interessiert ist, was wir ihm anbieten, von dem Nein zu unterscheiden, das nur ein Nein ist ein einfacher Hinweis, weil sich der Kunde in diesem bestimmten Moment in einer Situation befindet, die ihn daran hindert, eine positive Entscheidung uns gegenüber zu treffen, in diesem Fall ist es in diesem Fall bereits ab einem zweiten oder dritten Besuch möglich, diese Unmöglichkeit in ein „Ja" umzuwandeln.

Der Verkäufer muss viele Besuche machen, um sein Handwerk vollständig zu beherrschen, und es somit auch schaffen, die verschiedenen Arten von „Nein" zu unterscheiden, die durch eine plötzliche Verpflichtung, durch eine persönliche Situation, durch ein unerwartetes Ereignis, durch versteckte Einwände oder gegeben werden können aus der Tatsache, dass das, was wir vorschlagen, kein Interesse weckt.

Wie können wir das verstehen? Aus dem Tonfall der Stimme, aus der Art und Weise, wie sie sich bewegt, aus der Art und Weise, wie sie mit uns interagiert, lässt sich erahnen, dass es dann unsere Erfahrung kombiniert mit Intuition sein wird, die uns vorschlagen wird, ob wir es bei einem weiteren Besuch erneut versuchen sollten oder ob es der Fall ist, es zu lassen es geht.

Es ist eine gute Vorgehensweise, das potenzielle „Ja" in einer speziellen Liste auch innerhalb der Sellf-App zu markieren, die wir zuvor gesehen haben. Wir können diese Personen in einer ruhigen Zeit oder in unserem Geschäft erneut kontaktieren, um einen neuen Ansatz zu versuchen, um sie zu bringen und sie in ein überzeugtes „Ja" verwandeln.

In meiner Erfahrung als Verkäufer kann ich sagen, dass es mir schon oft gelungen ist, Empfehlungen in neue zufriedene Kunden zu verwandeln, einer der vielen Gründe für ihr erstes „Nein". Wird von vertreten, da sie nicht bereit waren, einen

114

Auftrag abzuschließen, konnte ich bei späteren Besuchen ihre Zweifel ausräumen, indem ich neue Verträge unterzeichnete.

Was ich Ihnen am Ende dieses Kapitels vermitteln möchte, ist die Tatsache, dass Ihnen kein „Nein" Angst machen sollte, es bedeutet nicht, dass Sie nicht gut sind oder nicht das Zeug dazu haben, Sie können es nicht einmal Erstellen Sie zu Beginn der Aktivität Statistiken, da Sie bedenken müssen, dass Sie aufgrund mangelnder Erfahrung Fehler machen können. In diesem Beruf dürfen wir nicht aufgeben, aber es ist wichtig, Kunde für Kunde voranzukommen, Kompetenz und Vertrauen in die eigenen Fähigkeiten zu kultivieren.

Wohlbefinden (verwalten Schlüsselbereiche von Interesse)

Um mehr Wohlbefinden zu erreichen, muss sich ein Verkäufer unbedingt in jedem Bereich seines Lebens Ziele setzen. Diese Tipps gelten für alle und nicht nur für diejenigen, die in diesem Sektor arbeiten. Folgende Bereiche sind zu berücksichtigen:

- Arbeit
- Finanz
- Familie
- Freunde
- Gesundheit
- Liebe

Es ist nicht möglich, sich nur auf den Arbeitsaspekt zu konzentrieren, da die Gefahr besteht, dass die anderen Bereiche beeinträchtigt werden, die trotz allem, was man denken mag, alle miteinander verbunden sind.

In dieser Hinsicht gebe ich Ihnen ein Beispiel, wie oft Sie wegen eines Arbeitsproblems die Liebe, die Familie oder die Freunde vernachlässigen. Und wie oft vernachlässigen wir aufgrund eines Familien- oder Liebesproblems unsere Arbeit und sehen infolgedessen, wie sich unsere Finanzen verschlechtern?

Ein Ungleichgewicht in einem Bereich verursacht eine Reaktion in einem anderen und dies zeigt, wie wirklich sie alle miteinander verbunden sind. Um nicht in diese unangenehmen Situationen zu geraten, ist es sinnvoll, dass es in jedem Bereich klar definierte Ziele gibt, die wir verfolgen und erreichen müssen. In jedem Bereich können wir beispielsweise folgende Ziele verfolgen:

- Arbeit = Erwerb neuer Fähigkeiten
- Finanzen = Verbesserung des Einkommens
- Familie = gemeinsame Unternehmungen zur Stärkung der Bindung
- Freunde = einmal wöchentlich mit Freunden ausgehen
- Gesundheit = zweimal wöchentlich ins Fitnessstudio gehen
- Liebe = sich sowohl seinem Partner als auch sich selbst widmen, indem man einige wohltuende Momente herausarbeitet

Wir dürfen diese Elemente nicht als selbstverständlich ansehen, weil wir riskieren, dass die übermäßige Neigung zur Arbeit dazu führt, dass wir andere Bereiche vernachlässigen, die für unser psychophysisches Wohlbefinden sehr wichtig sind. Da diese Bereiche sowohl positiv als auch negativ beeinflusst werden, müssen wir versuchen, den Fokus hochzuhalten, um erfolgreich zu sein, müssen wir nicht alles im Auge behalten, auch in diesem Fall können Anwendungen, wie die Verwendung der To-Do-Liste, helfen uns.

Jeder kann seine Ziele entsprechend seiner Persönlichkeit oder für die verschiedenen Interessensgebiete personalisieren, diese müssen terminierbar sein, es ist ratsam, wöchentliche, monatliche oder vierteljährliche Fristen festzulegen, in denen das erreicht werden soll, was wir vorgeschlagen haben.

Nach einem Jahr, in dem wir eine gewisse Routine stabilisiert haben, werden wir eine bessere Lebensqualität feststellen, denn wenn wir mit uns zufrieden sind und uns zufrieden fühlen, werden auch alle anderen Lebensbereiche davon profitieren.

Es ist gut, sich daran zu erinnern, dass wir, wenn wir im Leben überragend sein wollen, in jedem der Bereiche, die wir in diesem Kapitel gesehen haben, überragend sein müssen, denn dies bildet die Grundlage dafür, ein wirklich erfolgreicher Verkäufer zu sein.

Nützliche Apps und Tools für Verkäufer

In diesem Kapitel werden wir die am häufigsten verwendeten Apps im Verkaufssektor sehen, die uns helfen, alle Phasen des Prozesses von der Akquisition bis zum Abschluss zu verwalten.

Sellf = ist ein CRM, das wir in den vorherigen Kapiteln kennengelernt und beschrieben haben. In der Praxis ermöglicht es uns, den gesamten Verkaufsprozess zu verwalten, egal ob wir allein oder an der Spitze eines Teams sind.

Trello = ist eine sehr funktionale Anwendung, die es uns ermöglicht, um alle After-Sales-Phasen besser zu verwalten, wobei die Anwendungsschnittstelle diese Aufgabe noch unterhaltsamer und ansprechender macht, da es möglich ist, bestimmte Aspekte auch an unsere Geschäftsprozesse anzupassen.

Any.do = ist eine Anwendung, die es uns ermöglicht, To-Do-Listen zu erstellen, die auch nach ihrer Wichtigkeit oder Frist organisiert sind. Diese Anwendung ist auch von jedem Gerät aus zugänglich. In der Lage zu sein, Aufgaben in wichtig und dringend einzuteilen, wird uns in unserem Geschäft sehr helfen.

Außerdem kann es auch mit dem Google-Kalender und vielen anderen Apps synchronisiert werden, sodass Sie alles unter Kontrolle haben, aber nicht nur, weil es uns nicht nur bei der Arbeit hilft, sondern auch in allen anderen Bereichen unseres Lebens.

Jede dieser Apps hat ihre eigene Bedeutung und es ist möglich, sie zusammen für die oben beschriebenen Zwecke zu verwenden, um alles synchronisiert zu verwalten. Es gibt auch eine andere der bekanntesten, die ich für nützlich halte für diejenigen, die einen Job machen, bei dem häufig gereist wird, und es ist Google Maps, das uns nicht nur den Weg zu einem Kunden zeigt, sondern auch eine weitere interessante Funktion hat, die die betrifft suchen.

Wenn mein Ziel darin besteht, Restaurants in einer Gegend von Rom zu kontaktieren, muss ich nur das eingeben, wonach ich in den Suchspiegel suche, und kurz darauf liefert mir Google eine Liste mit Restaurants, die ich kontaktieren kann, indem ich ihnen meinen Dienst so anbiete, wie ich es für am angemessensten halte. Die Suche kann für jede Aktivität durchgeführt werden, die ich benötige, und das spart meiner Meinung nach viel Zeit.

Eine weitere nützliche Anwendung ist **WhatsApp**, und ich beziehe mich auf die Webversion, die die gleichen Funktionen hat wie die, die wir auf dem Telefon verwenden, mit dem Unterschied, dass wir sie vom Computer aus öffnen können. Diese Messaging-App ermöglicht es uns, mit Menschen in

Kontakt zu bleiben und Fotos, Nachrichten und Dokumente zu senden, wann immer wir wollen. Neben der klassischen Version für Unternehmen kann auch die Business-Version genutzt werden, die spezifischere Möglichkeiten bietet.

Persönlich glaube ich auch dank meiner Erfahrung, dass dies die nützlichsten und leistungsfähigsten Anwendungen für diejenigen sind, die im Verkaufssektor arbeiten. Ganz zu schweigen von der Bedeutung Social Network, die insbesondere zur Erweiterung unseres Aktionsradius eine erhebliche Hilfe sind.

LinkedIn für Verkäufer

Wie wir in den vorherigen Kapiteln gesehen haben, ist LinkedIn ein Social Network für den professionellen Einsatz, als Verkäufer ist es wichtig, das Profil optimieren zu können, um potenzielle Kunden zu gewinnen.

Wir haben wahrscheinlich ein Profil, das die verschiedenen Arbeitserfahrungen auflistet, als wir es erstellt haben, war unser Ziel, einen neuen Job zu finden, jetzt müssen wir unbedingt unsere LinkedIn-Profilseite ändern, sie in eine Art Mini-Site verwandeln und die Merkmale hervorheben und Vorteile unseres Beratungsangebots.

Dies geschieht, um die Aufmerksamkeit eines potenziellen Kunden zu erregen, indem ein erster Kontakt gefördert und anschließend durch einen Telefonanruf oder eine andere Methode, mit der wir unsere Dienstleistungen anbieten, in eine Gelegenheit umgewandelt wird.

Die Optimierung des LinkedIn-Profils für Verkäufer bedeutet Transformation es ein bisschen so, als wäre es eine Landingpage, bei der der Fokus nicht so sehr auf uns als Person, sondern mehr auf die Dienstleistung oder das Produkt, das wir anbieten, gerichtet ist.

Wenn Sie sich beispielsweise mein LinkedIn-Profil (Antonio Costanzo) ansehen, können Sie sehen, wie ich die verschiedenen Abschnitte von Informationen darüber, wer ich bin und was ich tue, bis hin zu einer Übersicht über mein Angebot entwickelt habe, damit der potenzielle Kunde es sofort versteht auf einen Blick, was wir bieten, was die Vorteile sind und über welche Kanäle Sie direkt mit uns in Kontakt treten können.

Zusammenfassend sind dies die wichtigsten Punkte, die es zu beachten gilt:

- Die grundlegenden Informationen auf dem LinkedIn-Profil müssen vollständig und relevant sein, es ist wichtig, diesem Aspekt die gebührende Bedeutung beizumessen. Wir dürfen kein Profil erstellen, das wie ein Lebenslauf aussieht, da unser Ziel nicht darin besteht, Arbeit zu finden, sondern potenzielle Kunden zu gewinnen.

- Was wir schreiben, muss anziehend und nicht langweilend sein, daher ist es sinnvoll, sich in die Lage eines typischen Lesers zu versetzen und über das

Geschriebene nachzudenken, niemand fängt heute an, eine Menge Informationen zu lesen, geben wir das Wesentliche und Fesselndste wieder diejenigen.

- Die Fotografie muss professionell sein und auf Lächeln und Helligkeit achten.

- Die Profil-URL kann auch angepasst werden, damit die Leute uns noch einfacher finden.

- Um andere wissen zu lassen, was wir tun, können wir neben geschriebenen Worten auch Videoinhalte verwenden, die sich hervorragend eignen und von der Öffentlichkeit geschätzt werden, weil sie schnell und einfach die gewünschten Informationen erhalten können. Dies ist auch eine Möglichkeit, sich von der Masse abzuheben, insbesondere wenn unsere Konkurrenten sie nicht verwenden.

- In diesem Social Network können Sie Bestätigungen oder Empfehlungen von anderen erhalten, scheuen Sie sich nicht, sie zu fragen, denn sie sind eine gute Visitenkarte.

- Wenn wir Auszeichnungen oder Zertifizierungen erhalten haben, könnte es eine kluge Wahl sein, sie anderen zu zeigen, natürlich beziehe ich mich auf Titel, die sich auf das beziehen, was wir tun, und nicht auf unsere Hobbys.

- Die veröffentlichten Inhalte müssen in der Ich-Form verfasst sein und einen freundlichen und sympathischen Ton bewahren.

- Das einmalige Posten in Social Network funktioniert nicht, daher ist es wichtig, eine gewisse Regelmäßigkeit nicht nur für unsere Leser, sondern auch für das Social Network aufrechtzuerhalten, das uns tendenziell belohnt, indem es uns sichtbarer macht.

- Das LinkedIn-Network muss wachstumsorientiert ausgebaut werden, das Hinzufügen weiterer Verbindungen hilft uns, zu expandieren und auch von mehr Menschen gesehen zu werden.
- Gruppen sind eine ausgezeichnete Lösung, um Ihr Network zu erweitern. Es ist wichtig, diejenigen identifizieren zu können, die dem Zielsektor am nächsten stehen.

Zu wissen, wie man Social Media richtig einsetzt, ist der Schlüssel für einen Verkäufer, der seinen eigenen Erfolg anstrebt.

Buchhandlung des Verkäufers

Um ein erfolgreicher Berater oder Verkäufer zu werden, ist die Ausbildung die Grundlage Ihres Unternehmens. Es ist ein wesentliches Element, um seine technischen Fähigkeiten zu verbessern, auch wenn man bedenkt, dass sich dieser Sektor, wie der des Marketings, ständig weiterentwickelt und ständig auf dem neuesten Stand sein muss.

Aus diesem Grund glaube ich, dass folgende Texte in Ihrer Bibliothek nicht fehlen dürfen:

- **Funnel-Marketing-Formel von Michele Tampieri**

In diesem Text wird erläutert, was Funnel Marketing ist und welchen Nutzen es auch in diesem Bereich haben kann, insbesondere im Hinblick auf die Gewinnung neuer Kunden und die Steigerung des Werts der angebotenen Produkte und Dienstleistungen sowie die Techniken zur Erzielung einer Rendite der eigenen Investitionen, zusätzlich zum Konzept des 'Funnels', das durch verschiedene Tools unterstützt wird, um eine Beziehung mit dem Benutzer aufzubauen, um ihn dazu zu bringen, bestimmte Kaufaktionen durchzuführen.

- **Was willst du wirklich von Roberto Re**

In diesem Text werden verschiedene Themen angesprochen, aber der wichtigste Aspekt ist meiner Meinung nach, dass er uns ermöglicht zu verstehen, was wir wollen und ob die von uns gewählte Richtung für uns richtig ist.

- **Money von Tony Robbins**

In diesem Text erklärt der Autor, wie man finanzielle Freiheit erreicht, selbst die kompliziertesten Konzepte der Wirtschaftsbranche oder der Finanzen werden auf einfache Weise erklärt, um die Mythen und weit verbreiteten Überzeugungen zu entlarven. Finanzielle Freiheit ermöglicht es uns, mehr Selbstvertrauen und mehr Seelenfrieden zu haben, ohne von ängstlichen Gefühlen über die Zukunft überwältigt zu werden.

- **Reicher Vater, Armer Vater von Robert T. Kiyosaki**

In diesem Buch bietet uns Robert Kiyosaki auch eine neue Vision seiner Erfahrung, die die Beziehung zu Geld einschließt, um Erfolg und wirtschaftliche Unabhängigkeit zu erreichen.

- **Die Macht der Gewohnheit: Warum wir tun, was wir tun von Charles Duhigg**

Dieses Buch befasst sich mit den Entscheidungen, die wir jeden Tag treffen und die nicht das Ergebnis bewusster Entscheidungen sind, sondern hauptsächlich auf einem Verhaltensmuster beruhen, das wir verinnerlicht haben. Gewohnheiten beeinflussen in gewisser Weise verschiedene Aspekte unseres Lebens, aber es ist gut zu wissen, dass sie nicht unveränderlich sind. Es ist möglich, sie zu ändern oder beizubehalten, es liegt an uns!

- **Wie man Freunde gewinnt von Dale Carnegie**

In diesem Buch gibt uns der Autor Ratschläge, wie wir andere in den verschiedenen Beziehungen behandeln können, die wir jeden Tag eingehen, ob sie beruflich sind oder nicht, eine interessante Lektüre, die uns die Lösung für viele Probleme zeigt, die in sozialen Beziehungen auftreten können.

- **Wie man Stress überwindet von Dale Carnegie**

In diesem Buch bietet uns der Autor eine Reihe nützlicher Techniken, um mit Stress umzugehen und ihn auf eine Weise zu überwinden, die uns nicht versklavt. Vor allem, wenn wir berücksichtigen, dass Stress als Faktor dazu neigt, andere Reflexprobleme zu verursachen, die unser Leben beeinflussen oder uns daran hindern, unsere Tage in vollen Zügen zu genießen.

- **Verkaufsstrategien für Gewinner: Was Erfolgreiche Verkäufer Besser Machen von Brian Tracy**

Dieses Buch enthält einige grundlegende Konzepte des Verkaufs, wir könnten lernen, katastrophale Kunden zu erkennen, wie man effektive Präsentationen macht und andere Tipps, um Verträge schließen zu können, die die klassischen Einwände überwinden.

- **Gesundheit ist der erste Schritt zum Erfolg von Daniele Di Benedetti**

Dieses Buch macht uns bewusst, wie wichtig unsere Gesundheit ist, wenn wir erfolgreich sein wollen. Hektik und zunehmender Stress sind Gewohnheiten, die uns oder gar unserem Job nicht gut tun. Das Verständnis dieser Themen bringt uns sicherlich auf den richtigen Weg.

- **Überzeugungswaffen von Robert Cialdini**

Der Autor dieses Buches lädt uns ein, die Mechanismen der Überzeugung zusammen mit verschiedenen Taktiken zu verstehen, die wir anwenden können, um unser Geschäft und folglich die Beziehung zu unseren Kunden zu verbessern.

- **Die ultimative Einführung in NLP: Werkzeuge für ein erfolgreiches Leben von Richard Bandler**

In diesem Buch lädt uns der Autor ein, die Mechanismen des NLP durch Techniken und praktische Übungen zu verstehen, um Vorteile im privaten, aber auch im beruflichen Leben zu erlangen, um effektive Kommunikatoren zu werden, die alle Einwände überwinden.

- **Ich liebe dich, aber ich muss darüber nachdenken von Dario Porta**

Dieses Buch ist sehr interessant, weil es darauf abzielt, praktische Anregungen für diejenigen zu geben, die den Verkauf ihres Jobs gemacht haben. Verkaufen ist keine leichte Aufgabe, aber durch die richtigen Techniken ist es möglich, sich zu verbessern und bestimmte Hindernisse zu überwinden, die uns unüberwindbar oder zu schwierig erscheinen.

Diese, die ich Ihnen vorgestellt habe, sind nur einige der Bücher, die Teil meiner Bibliothek sind. Das Studium dieser Themen ermöglicht es Ihnen, nicht nur mit der Zeit auf dem Laufenden zu bleiben, sondern auch das Wissen und die richtigen Schritte zu erlernen, um in diesem Sektor erfolgreich zu sein, ob Sie verkaufen Produkte oder Dienstleistungen.

Komfortzone (handeln)

Eine Komfortzone ist ein psychologischer Zustand, in dem die Dinge vertraut erscheinen und man sich wohl fühlt, auch dank der Kontrolle über die Umgebung, in der man lebt, was ein geringes Maß an Angst und Stress begünstigt.

Die Komfortzone besteht aus vier Bereichen:

- Komfortzone
- Angstzone
- Lernzone
- Wachstumszone

Das Verlassen der Komfortzone ist unerlässlich, wenn wir wichtigere Ziele erreichen wollen, der Grund ist ganz einfach, wenn wir die Dinge so weitermachen, wie wir es immer getan haben, wird es nicht möglich sein, Verbesserungen oder

Fortschritte in unserem Leben zu erreichen, Tatsache in gewissem Sinne 'halt' zu bleiben führt uns zur Unzufriedenheit, der Mensch braucht zum Glücklichsein immer wieder neue reize.

Die Komfortzone repräsentiert unsere Umgebung, unsere Gewohnheiten, unsere vertraute Welt, die es uns in gewissem Sinne ermöglicht hat, zu werden, wer wir sind. Um neue Ziele zu erreichen, ist es notwendig, Maßnahmen zu ergreifen.

Die Meilensteine, befinden sich außerhalb unserer sicheren Zone, was bedeutet das alles für einen Verkäufer? Einfach ausgedrückt bedeutet dies, einen neuen Bereich zu erkunden, neue Kunden kennenzulernen, neue Herangehensweisen zu erlernen und so weiter.

Ich gebe Ihnen ein Beispiel, wenn Sie sich daran gewöhnen, in Ihrer Nachbarschaft zu verkaufen, schließen Sie sich von wichtigen Gelegenheiten und neuen Bekanntschaften aus, natürlich kennen Sie Ihre Gegend und fühlen sich dort sicher, aber haben Sie sich jemals gefragt, ob es sich lohnt, deine

Grenzen verlassen? Manchmal sind diese Einschränkungen nicht nur körperlich, sondern auch seelisch, ein Verkäufer muss sich diese Grenzen nicht setzen, wenn er erfolgreich sein will!

Ziele helfen und motivieren uns gewissermaßen, aus der Komfortzone herauszukommen, denn wenn wir das selbst gesteckte Ziel erreicht haben, wird uns die Zufriedenheit für all die Mühen zurückzahlen.

Handeln ist unabdingbar, denn die Komfortzone ist vor allem in ihrer Wirkung vergleichbar mit einer Blase, die uns einerseits Schutz gibt, uns aber andererseits erstickt und uns nicht frei zum Handeln macht! Wer im Vertrieb tätig ist, muss Chancen nutzen und auch den richtigen Moment nutzen können, das alles geht nicht innerhalb der Blase.

Jetzt ist es an der Zeit, den Ballon zu durchstechen, sich das richtige Selbstbewusstsein anzueignen, ohne die Höflichkeit und Professionalität zu vergessen, um all die Kunden zu besuchen, die draußen auf Sie warten.

Telemarketing zur Terminvereinbarung

In diesem Kapitel werden wir sehen, wie man Telemarketing nutzt, um neue Termine zu akquirieren. Wenn es aufgrund der Umstände nicht ratsam oder möglich ist, persönlich zum potenziellen Kunden zu gehen, ist Telefonmarketing eine hervorragende Lösung.

Bevor wir ans Telefon sprechen, müssen wir eine Liste potenzieller Kunden haben, die wir kontaktieren können, und einem Skript folgen, das wir zuvor vorbereitet haben, d. H. Ein Text für ein Standardtelefonat mit dem Ziel, einen Termin zu vereinbaren.

Unser Ansatz muss am Ende des Tages analysiert werden, da wir verstehen müssen, was funktioniert hat und was nicht und welche Punkte verbessert werden müssen, um das zu erreichen, was wir wollen.

In einem Telemarketing-Anruf dürfen wir niemals alle Eigenschaften des Produkts preisgeben, unser Ziel ist es nicht, einen Telefonverkauf zu tätigen, sondern die Person am anderen Ende des Telefons zu faszinieren, um einen Termin vereinbaren zu können.

Ob eine Terminvereinbarung nicht möglich ist, wir können einen zweiten Schritt vereinbaren, der immer telefonisch stattfindet, um den eigentlichen Verkauf abzuschließen.

Um all dies zu tun, ist es notwendig, das Interesse des Gesprächspartners zu wecken, sonst wird er uns bei der ersten Gelegenheit, ohne uns überhaupt zuzuhören, sagen, dass er keine Zeit für uns hat.

Jeden Tag ist es ratsam, einen bestimmten Rhythmus beizubehalten und mindestens zwanzig Anrufe zu tätigen, um Termine auf die Agenda zu setzen, diese Aktivität muss zusätzlich zu Besuchen bei potenziellen Kunden durchgeführt werden.

In diesem Kapitel finden Sie auch ein Beispiel für ein Telefonanrufskript, das ich verwende, wenn ich Telemarketing betreiben muss, und wenn Sie das Beste aus Ihrem Arbeitstag machen möchten, schlage ich vor, dass Sie sich die *Telemarketing-Agenda besorgen: Schritt halten und Erfolge erzielen Deine Tore.*

Suchen Sie bei Amazon danach, um Schritt zu halten und Ihre Ziele mit einem Lächeln zu erreichen!

Script Telemarketing

Guten Morgen, ich bin *Firmenname*

Ich möchte mit dem Eigentümer über die Vorteile unseres *Produkts/unserer Dienstleistung* sprechen

(Wir müssen kurz mitteilen, was sie gewinnen, wenn sie uns zuhören).

Guten Morgen, ich kontaktiere Sie von *Namen des Unternehmens*. Ich möchte Sie darüber informieren, dass wir uns mit *Vorteilen von Produkten/Dienstleistungen* befassen, die wir lokalen Unternehmen zur Verfügung stellen, um *Ergebnisse* zu erzielen

(Was er gewinnt, was wir für diejenigen tun können, die uns zuhören, wie wir ihm helfen können, seine Not zu lösen).

Darf ich fragen, wie es „Ihre Bedürfnisse löst"? Zum Beispiel: „Über welche Kanäle kommunizieren Sie mit Ihren Kunden?" *(wenn wir Werbedienstleistungen verkaufen.)*

Sehr gut, unsere Räume können die Sichtbarkeit Ihres Unternehmens noch weiter verbessern.

"Können wir mit Ihnen einen Termin vereinbaren, um Ihnen den Katalog zu zeigen und Ihnen ein Angebot zu unterbreiten? In dieser Zeit haben wir besonders vorteilhafte Lösungen."

Wenn ja, wann vereinbaren wir den Termin? Wenn nicht:

Darf ich fragen warum?

Ich danke Ihnen für Ihre Verfügbarkeit und wünsche Ihnen einen schönen Tag.

Schluss

So richten Sie das Skript für Ihre Anforderungen ein

Wie Sie sehen, beginnt das Telefonat mit der Präsentation. Es ist wichtig, uns in einem sicheren und herzlichen Ton zu kommunizieren. Unmittelbar danach müssen wir verstehen, wer für die Einkäufe zuständig ist. In den meisten Fällen bitten wir um ein Gespräch mit dem Besitzer oder wenn er nicht erreichbar ist, müssen wir versuchen, einen Termin zu vereinbaren, auch telefonisch über das Sekretariat.

Während des Telefonats werden wir nicht den Satz aussprechen: „zu den Vorteilen unseres Produkts/unserer Dienstleistung", wie es geschrieben steht, sondern wir müssen der betroffenen Person die Hauptvorteile mitteilen, ohne sie zu langweilen Gesprächspartner mit einer Liste unendlich. Es ist wichtig, ihm die Möglichkeit, die wir ihm bieten können, verständlich zu machen.

Wenn es uns gelingt, mit dem Eigentümer zu sprechen, werden wir uns nicht nur vorstellen, sondern auch die Gelegenheit, die wir ihm bieten können, klar und direkt kommunizieren, ohne direkt einen Verkaufsvorschlag zu machen. Auf psychologischer Ebene fühlt sich der Kunde stärker eingebunden, wenn wir ihm etwas geben und nicht ihm.

Zum Beispiel:

- „Mit unserem Service kann Ihr Unternehmen diese Vorteile sofort erhalten"

oder

- „Dieses Produkt kann Ihnen diese Vorteile bringen"

Das von mir vorgeschlagene Drehbuch ist als Entwurf zu betrachten, weil wir dann, je nachdem, womit wir es zu tun haben, unbedingt ein personalisiertes erstellen müssen.

Der zweite Schritt besteht darin, ihn zu fragen, wie er sein Bedürfnis löst. Nehmen wir an, ich beschäftige mich mit Webmarketing. In diesem Zusammenhang werde ich ihm sagen: *'Darf ich Sie fragen, welche Kanäle Sie verwenden, um mehr Sichtbarkeit im Web zu erhalten?'*

Nachdem der Gesprächspartner eine offene Frage formuliert hat, ist er gezwungen, sich zu öffnen, er kann uns nicht in einen Ja- oder Nein-Ring schließen. Auf seine Antwort müssen wir zwangsläufig argumentieren, was wir für ihn tun können, um seine Arbeit zu verbessern (dieser Punkt variiert je nach unserem Vorschlag, auf jeden Fall ist es wichtig, ihm den Mehrwert mitzuteilen).

Gleich danach versuchen wir, das Telefonat zu straffen, um einen Termin vereinbaren zu können, wenn die Antwort nein ist, schlage ich vor, höflich nach dem Grund zu fragen, dies wird verwendet, um zu verstehen, ob es irgendwelche Unklarheiten gibt, die nicht angesprochen wurden.

Wir werden das Drehbuch am Anfang brauchen, wenn wir noch nicht die nötige Erfahrung gesammelt haben, es versteht sich von selbst, dass wir es nach einer gewissen Anzahl von Telefonaten nicht lesen müssen, alles wird natürlich und spontan kommen.

Beziehungen

Verkaufsbeziehungen sind viel wichtiger als Geld, da sie das wahre Verkäufer-/Berater-Ökosystem darstellen. Das Kapital eines Verkäufers wurde schon immer von seinen Kunden repräsentiert. In diesem Kapitel möchte ich Ihnen vermitteln, wie wichtig es ist, sich um Beziehungen zu kümmern, insbesondere wenn Sie ein Vertriebsprofi sind.

Qualitativ hochwertige Beziehungen zu haben, vielleicht sogar strategisch für unser Geschäft, wird uns helfen, ein günstiges Arbeitsumfeld zu schaffen. Ein Verkauf darf niemals als Selbstzweck betrachtet werden, es ist wichtig, ein gutes Beziehungsnetz aufbauen zu können, ohne sich allein auf die Arbeitszeit zu beschränken, Networking-Aperitifs oder andere Gelegenheiten zu nutzen, um neue Bekanntschaften zu machen und zu halten erworbene.

Diese Einstellung ermöglicht es uns, das Netzwerk der Arbeitsbekanntschaften zu erweitern, wohlgemerkt, dass der Kunde nicht als Freund behandelt werden sollte, wenn er gebraucht wird, eine Beziehung um ihrer selbst willen hat wenig Wert.

Ich verstehe, dass es nicht möglich ist, mit allen Kunden einen Aperitif zu haben, aber was ich Ihnen mitteilen möchte, betrifft die richtige mentale Einstellung, die Sie einnehmen müssen, und glauben Sie mir, wenn ich Ihnen sage, dass dies für jede Beziehung gilt, die wir aufbauen möchten, wenn wir uns benutzt fühlen hässlich zu sein zahlt sich am Ende nie aus, weder in der Freundschaft noch im Beruf.

Durchschnittsumsatz

Der durchschnittliche Umsatzwert ist ein sehr wichtiger Punkt, den es zu kontrollieren gilt, denn genau hier können wir unseren Ertrag steigern und auch effizienter und produktiver sein.

Wenn wir am Ende des Jahres bei der Überprüfung unserer Ergebnisse feststellen, dass der Durchschnittswert des Umsatzes eine Zahl X ist, können wir uns verpflichten, die Einzelverhandlungen zu erhöhen, um die gleiche Anzahl von Verhandlungen im Folgenden durchführen zu können Jahr einen höheren Umsatz erzielen.

"Großartiger Menschen haben große Träume und kleine Menschen haben kleine Träume. Wenn du ändern willst, wer du bist, fang an, die Dimension deiner Träume zu ändern."

Robert T. Kiyosaki

Wie können wir das alles erreichen? Zum einen durch die Fokussierung auf Dienstleistungen und Produkte mit höheren Margen. Zweitens legt dieser Aspekt nahe, nicht auf Quantität, sondern auf Qualität zu setzen.

Wenn wir zu Beginn unserer Karriere auch große Zahlen verwenden, um Erfahrungen zu sammeln und zu lernen, wie man Verhandlungen führt, werden im Laufe der Zeit, auch dank der Erfahrung, große Volumina, ein besseres Management und die Qualität der verwalteten Kontakte nicht notwendig sein, für die sie ausreichen werden uns einen nennenswerten Umsatz zu erzielen.

Großes oder kleines Unternehmen

In diesem Kapitel werden wir diskutieren, ob es besser ist, sich für ein großes oder ein kleines Unternehmen zu entscheiden. Zunächst einmal ist es wichtig zu betonen, dass Verkäufer nicht geboren werden, sondern dank der Leidenschaft, die für diesen Job genährt wird, im Allgemeinen werden.

Wenn Sie sich für diesen Sektor entscheiden und keine Erfahrung haben, ist es besser, in einem großen Unternehmen zu beginnen, das bereits über ein Geschäftsmodell verfügt, das auf einem Vertriebsnetz basiert, und sich auch um die Ausbildung neuer Mitarbeiter kümmert als ein hervorragendes Fitnessstudio, in dem Sie durch so viel Lernen auch die Möglichkeit haben, Karriere zu machen.

Wenn Sie sonst schon Experte sind oder in einem kleinen Unternehmen arbeiten, können Sie die Ausbildung komplett selbstständig fortsetzen. Einen eigenen Coach zu haben, ist in diesem Bereich sehr nützlich, denn die Gefahr, entmutigt zu werden, ist immer um die Ecke, besonders am Anfang.

Der Verkauf ist ein Beruf, bei dem wir nicht daran denken können, uns ihm zu nähern, indem wir denken, dass Improvisation dank unserer Sympathie gut für uns sein kann.

Es muss auch gesagt werden, dass das große Unternehmen aufgrund seiner Struktur für einen guten Verkäufer in gewissem Sinne einschränkend sein kann, ansonsten kann ein mittelständisches Unternehmen ein hervorragendes Arbeitsumfeld darstellen, weil der professionelle Verkäufer in der Lage ist, alles zu geben sich und seine Professionalität auf eine freiere Art und Weise, experimentieren mit neuen Verkaufsstrategien und -techniken im Gegensatz zu größeren Unternehmen, die aus praktischen organisatorischen Gründen viel mehr Regeln haben.

In beiden Situationen gibt es Vor- und Nachteile, es hängt viel von unserer Person, dem Erfahrungsgrad und unserer Arbeitsmentalität ab.

Konkurrenten

Konkurrenten gibt es in jedem Sektor, ich persönlich glaube, dass sie positiv gesehen werden sollten, in dem Sinne, dass es keine gute Wahl ist, schlecht über einen Konkurrenten zu sprechen, denn der erste Aspekt, der darunter leidet, ist sicherlich unsere Glaubwürdigkeit in den Augen von der Kunde.

Seriöse Profis zielen darauf ab, ein Klima des gesunden Wettbewerbs zu schaffen, wir versuchen uns selbst zu schätzen, anstatt zu diskreditieren! Damit Sie die Empfindungen, auf die ich mich beziehe, besser verstehen, versuchen Sie, sich in die Lage des Kunden zu versetzen. Was würden Sie von einem Verkäufer halten, der seine Zeit damit verbringt, ihn zu diskreditieren, anstatt ihn zu fördern? Ich stelle Ihnen noch eine Frage: Würden Sie seine Produkte kaufen? Die Antwort ist einfach: nein!

Auf psychologischer Ebene, wenn jemand anfängt zu diskreditieren, verschiebt sich die Aufmerksamkeit auf den Klatsch und wenig auf das Produkt, dann folgt eine kurze negative Bewertung des Verkäufers, um mit einer Reihe von Einwänden zu schließen, die ihn umhauen werden!

Wenn Sie außerdem die kostbaren Verhandlungsminuten damit verbringen müssen, die Produkte oder Dienstleistungen anderer zu diskreditieren, geben Sie dem, was Sie vorschlagen, nur den Gnadenstoß!

Um es noch einmal zusammenzufassen, bei Regel Nummer geht es darum, Ihre Konkurrenz nicht schlecht zu machen. Egal, ob Sie den Kunden vor sich haben oder telefonieren, was der andere wahrnimmt, ändert sich nicht. Die Verwendung negativer Worte führt oft dazu, dass Sie in diesen Begriffen denken. Ich rate Ihnen, auf diese Details zu achten, denn durch Worte und dann durch Taten bauen wir die Welt um uns herum auf.

Viele Unternehmen beschreiben sich selbst als kundenorientiert, aber nur wenige gehen den Weg: Die meisten großen Technologieunternehmen sind wettbewerbsorientiert, sie sehen, was andere tun, und arbeiten dann daran, schnell nachzuziehen. Wenn Sie Ihren Mitbewerbern einen Schritt voraus sein wollen, konzentrieren Sie sich zuerst auf Ihre Kunden

Jeff Bezos

Regel Nummer zwei ist, dass Sie daran arbeiten müssen, sich selbst und nicht Ihren Konkurrenten ins Rampenlicht zu rücken. Gibt es eine Technik, die übernommen werden kann? Die Antwort ist ja, ich werde versuchen, es in den folgenden Punkten zusammenzufassen:

- Sie müssen sich auf Ihre Aufwertung konzentrieren
- versucht, den Kunden zu faszinieren, damit er dazu verleitet wird, mehr zu erfahren
- Sie können einige Mängel der Konkurrenz erkennen, ohne jemals den Markennamen zu erwähnen

- unterstreicht die Stärken des Produkts/der Dienstleistung
- Immer Erfahrungsberichte und konkrete Daten liefern, Kletterhalme im Verkauf nützen nichts

Wenn Sie es schaffen, so zu handeln, kann ich Ihnen sagen, dass die Waage immer in Ihre Richtung kippen wird, wenn der Kunde Ihre Professionalität und den Wert, den Sie vermitteln, wahrnimmt, werden Ihre Konkurrenten langsam vergessen. Wenn Sie ein erfolgreicher Verkäufer sein wollen, müssen Sie wie ein echter Profi handeln, das ist der einzige Weg.

Meditation und Morgenroutine zur Bewältigung von Stress und Angstzuständen

Dank Meditation und der Festlegung einer Routine können wir Stress- und Angstzustände bewältigen. Diese Themen sind für Vertriebsprofis sehr „heiß", da sie oft viele Aspekte gleichzeitig managen oder wichtige Ziele in einem bestimmten Zeitraum erreichen müssen.

Meditation ist ein hervorragendes Mittel, um mit diesen Stresszuständen umzugehen, und ich empfehle, sie mit einer angemessenen Morgenroutine zu begleiten.

Was meine ich mit Morgenroutine? Es bedeutet, mit einem Lächeln aufzuwachen, weil man gerne aufwacht und nicht, weil man es muss. Dieser Aspekt unterstreicht auch die Liebe, die man für seine Arbeit empfindet, wenn wir mögen, was wir tun, wird es nie eine Last sein, und ich kann Ihnen versichern, dass es keine Kleinigkeit ist.

Erfahren Sie mehr über die Möglichkeiten der Meditation...

Die Weisen sagten uns, dass es für ein gutes Leben notwendig ist, ein Gleichgewicht zu haben, es sollte nicht als etwas angesehen werden, das erreicht werden muss, denn es ist kein Diplom oder kein Kurs, der uns am Ende des Unterrichts ein Zertifikat verschafft.

Eigentlich reicht ein Handbuch nicht einmal aus, also wie erreicht man es? Nun, viele ignorieren, dass Balance eine Lebensweise ist und nicht des Seins, wir lernen es dank Lebenserfahrungen und jeder verinnerlicht es auf seine eigene Weise, wie immer gibt es diejenigen, die die Lektion verstehen, und diejenigen, die dies nicht tun!

Ein weiteres wichtiges Wort ist 'Bewusstsein', es ist nicht möglich, es mit etwas Wissenschaftlichem in Verbindung zu bringen, da es Teil unseres Instinkts ist. Der Grund ist einfach, die Wissenschaft wurde geboren, um Antworten zu geben, wenn eine Erklärung gefunden wurde, wird sie für alle gültig. Dies ist nicht der Fall für das Bewusstsein, es ist eines der Themen, die die innere Erforschung betreffen, es reicht nicht aus, sich zu bilden, man muss auch das Gleichgewicht entwickeln, von dem ich zuvor gesprochen habe.

Bewusstsein kommt nicht von außen, sondern von innen, es wird dank der Lebenserfahrungen geformt, die wir gemacht haben, und viele definieren es als fast instinktiv, denn sobald es geformt ist, wird es Teil unseres Wesens und wir nutzen es auf natürliche Weise.

Meditation bekräftigt diese Präsenz besonders in Bezug auf den gegenwärtigen Moment, wenn wir während der Meditation an etwas anderes denken, werden wir von keiner Wirkung profitieren. Heute sind wir alle mehr oder weniger daran gewöhnt, tausend Dinge gleichzeitig zu tun, denken in diesen Begriffen beim Mittagessen an das Tennismatch, die Arbeit, den Einkauf, den nächsten Ausflug mit Freunden oder die Schuhe, die uns so gut gefallen, wenn wir uns daran erinnern, was wir gegessen haben, werden wir nicht weggeworfen.

Ich mache nur Spaß, was ich Ihnen sagen möchte, ist, dass heute kaum jemand in der Gegenwart lebt, ich weiß, es scheint unglaublich, oder? Und doch beweist es Ihnen das Beispiel, das ich Ihnen gerade gegeben habe. Jedes Mal, wenn wir etwas tun, denken wir an etwas anderes, wir werden mit Erinnerungen in die Vergangenheit oder mit allem, was wir tun wollen, in die Zukunft projiziert, und wer ist da in der Gegenwart? Sicherlich ist unser Körper da, aber die „Nein"-Gedanken sind woanders!

Meditieren kann uns dazu bringen, die Gegenwart wertzuschätzen, damit wir unser Leben nicht mehr abgelenkt leben. was ich sage, lässt sich auch auf die Arbeit übertragen, wenn man beim Kunden an etwas anderes denkt oder sich leicht ablenken lässt, wie kann man die Verhandlung am besten abschließen?

Meditation ermöglicht es uns, uns selbst zu beobachten, darüber nachzudenken, dank des Beobachtungsprozesses wurden im Laufe der Geschichte außergewöhnliche Entdeckungen gemacht.

Stellen Sie sich nun vor, was Sie über sich selbst entdecken können, indem Sie sich selbst besser beobachten! Sie werden es nie mit der Linse von Vorurteilen tun müssen, da sie es schaffen, selbst die edelsten Gedanken zu kontaminieren. Seit wir Kinder sind, ob kulturell oder nicht, hat uns niemand beigebracht, uns 'innen' zu beobachten, alle, angefangen bei unseren Eltern, haben uns darauf hingewiesen, wie wir 'außen' sind, diese falsche Wurzel der Kultur nimmt uns ein wenig von unserem Vermögen.

Während eines Tages neigt jeder von uns dazu, sich ständig zu verirren, Gedanken gehen woanders hin und wir werden ständig abgelenkt, viele bemerken es nicht einmal, aber ich kann Ihnen versichern, dass Sie ab morgen beginnen, diesem Aspekt Aufmerksamkeit zu schenken, Sie werden anfangen zu erkennen, wie es ist wahr.

Mehr Bewusstsein in das eigene Leben zu bringen, führt uns auch dazu, all diese Momente zu erkennen, in denen wir uns in einem traumhaften Universum verlieren. Von klein aufwachsen wir in einem System aus Gewohnheiten auf, alles, was wir lernen, setzt sich im Unbewussten ab, wenn wir das Bewusstsein aufgeben, werden all diese Verhaltensweisen dazu beitragen, uns stillschweigend zu konditionieren.

Meditation gibt uns die großartige Gelegenheit, nichts zu tun, wir sind so daran gewöhnt, etwas zu tun, dass es für uns schwer zu verstehen ist, nur zu denken, dass wir wenig oder nichts tun müssen. Heute ist es möglich, auf tausend Arten zu meditieren, damit es funktioniert, ist es notwendig, ablenkende Gedanken entfernen zu können. Wie macht man? Einfach, sobald wir eine Ablenkung spüren, beobachten wir sie und lassen sie dann los, ein bisschen wie eine Wolke.

Die moderne Gesellschaft ist mit Reizen überfrachtet und wir haben nicht die Zeit, alles aufzunehmen, es wäre nicht einmal produktiv, genauso wie der Körper Ruhe braucht, der Geist auch mal abschalten will, und genau das ist der richtige Weg in Richtung der Meditation; lass uns zu uns selbst finden, indem wir eine Pause von der Welt machen.

Denken Sie an eine Schaltung. Wenn es zu viel Spannung gibt, wird es kurzgeschlossen, das Gleiche passiert mit Männern. Stress kommt nie von außen, er kommt immer von innen.

Wir werden gestresst, weil wir nicht wissen, wie wir uns selbst eine Grenze setzen sollen, jedes Mal, wenn es passiert, geben wir externen Faktoren die Schuld, wir denken, dass der Chef uns zu viel Verantwortung überträgt oder dass uns niemand hilft, die Wahrheit ist, dass dieses Unbehagen kommt von unserem falschen Lebensstil.

Niemand achtet jemals auf seinen inneren Raum, wir neigen dazu, unordentlich zu leben und dann festzustellen, dass die Dinge nicht so funktionieren, wie wir es gerne hätten.

Heute gibt es nicht wenige Menschen, die sich der Meditation nähern, auch dank einer größeren Verfügbarkeit dieser Praxis als in der Vergangenheit. Ab den fünfziger Jahren des letzten Jahrhunderts gab es ein stetig wachsendes Interesse, auch dank des Aufkommens der Zen-Kultur, des Yoga und der Achtsamkeit.

Meditation ist zunehmend zu einer gängigen Praxis geworden, die vor allem wegen ihrer Vorteile geschätzt wird, und aus diesen Gründen empfehle ich sie, weil sie wirklich nützlich sein kann, um Ihre Mitte zu finden und in Harmonie zu leben. Wenn Sie sich bewusst werden, können Sie besser leben, weil Sie in der Lage sind:

- Schenken Sie wirksame Aufmerksamkeit
- Verbesserung der Konzentrationsfähigkeit
- Verbesserung der psychophysischen Entspannung
- Vermeidung unnötiger Ablenkungen

Meditieren ist eine Erfahrung, die uns hilft, uns von allem zu regenerieren, was wir nicht bewältigen können, und uns ermöglicht, ein neues Bewusstsein zu finden.

Richten Sie eine gute Routine ein

Jeder von uns hat seine eigene Morgenroutine, wenn Sie noch der klassische Typ sind, der alles in Eile erledigt, rate ich Ihnen, nicht nur einen langsamen Schritt beim Aufwachen zu integrieren, sondern auch eine Routine einzurichten, die Sie alles wertschätzen lässt Sie machen.

Die ersten Stunden nach dem Aufwachen haben die magische Kraft, uns durch den Tag zu konditionieren, diese Zeit optimal zu nutzen ist entscheidend für die Produktivität.

Es muss gesagt werden, dass es keine Einheitsroutine gibt, was für mich effektiv ist, ist möglicherweise nicht für Sie geeignet. Daher lade ich Sie ein, Ihre eigene persönliche Routine zu erstellen, die Sie auf den richtigen Fuß bringt. Was können wir von einer guten Routine haben?

- Es kann uns helfen, unsere Ziele zu erreichen

- Es macht unseren Tag besser
- Wir fühlen uns energetisiert und zufrieden
- Viel mehr...

Der Schlüssel zu allem ist die Planung, eine unorganisierte Routine zu haben ist wie keine zu haben. Stellen Sie den Wecker auf Ihre Wunschzeit, ich bevorzuge zwei Stunden früher, damit ich mich dem widmen kann, was mir gut tut.

Der Morgen muss zu Ihrem Moment werden, Sie entscheiden in völliger Freiheit, was Sie tun möchten, zum Beispiel nutze ich ihn, um zu lesen, was mir gefällt. So gehen Sie mit dem richtigen Fuß und der richtigen Laune in den Tag!

Zusammenfassen...

- Eine gute Morgen-Routine ist wichtig, um sich besser zu fühlen, Ihren Bedürfnissen und Wünschen Raum zu geben.
- Es gibt keine Skript-Routine, die für jeden passt.
- Wenn es etwas gibt, das Sie immer aufschieben, ist dies der richtige Zeitpunkt dafür.

Zufriedene Kundenberichte (Fallstudie)
Rezensionen wie Mundpropaganda

Aussage sind unerlässlich, wenn Sie ein Produkt oder eine Dienstleistung verkaufen möchten. Denken, dass:

- Ein zufriedener Kunde erzeugt positive Mundpropaganda
- Es ist wichtig, Bewertungen von Kunden zu sammeln und scheuen Sie sich nicht, danach zu fragen
- Ein zufriedener Kunde wird sehr geneigt sein, uns nützliche Referenzen zu geben

Die Bewertungen unserer Kunden dienen dann dazu, die Gültigkeit unseres Angebots zu demonstrieren.

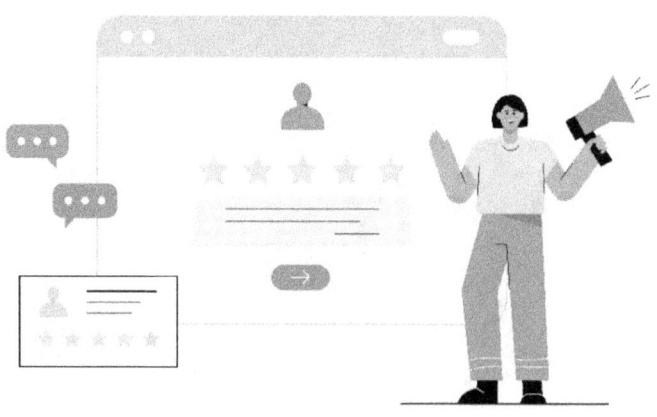

Oft verstehen wir nicht ganz, wie wichtig es ist, um eine Bewertung zu bitten. Nach Abschluss eines Verkaufs gehen wir zum nächsten Kunden über und messen der Kundenzufriedenheit im Hinblick auf das abgeschlossene Geschäft nicht die richtige Bedeutung bei.

Das Versäumnis, Bewertungen anzufordern, beruht auf einem Schamgefühl oder ist mit der Angst verbunden, eine negative Bewertung zu erhalten. Ich denke, wir sollten uns nicht in diese Stimmungen/Ängste verstricken, wenn wir gute Arbeit geleistet haben, haben wir nichts zu befürchten.

Den Kunden um eine Bewertung zu bitten, muss fester Bestandteil unserer Arbeit werden und darf vor allem nicht willkürlich oder oberflächlich erfolgen.

Die positive oder negative Bewertung ermöglicht es uns zu verstehen, welche Aspekte verbessert werden müssen, wie ich am Anfang des Buches sagte, der Verkaufsprozess hört nicht beim Verkauf auf, sondern geht weiter, da wir sicherstellen müssen, dass alles, was wir gesagt haben, eingehalten wird der Kunde während der Verhandlung gepflegt wird.

Bewertungen sind heutzutage sehr wichtig, denken Sie nur an unser Kaufverhalten, wenn wir ein Produkt oder eine Dienstleistung nicht kennen. Das erste Element, das wir überprüfen, sind die Bewertungen, weil wir uns unserer Wahl sicher sein wollen.

Das Kaufverhalten der Menschen wird durch Bewertungen beeinflusst. Wie oft kommt es vor, dass wir zum Kauf geneigt sind, aber dann eine negative Bewertung uns einen Schritt zurücktreten lässt? Dabei spielt nicht nur die Bewertung selbst eine Rolle, sondern auch die Anzahl und Qualität, die teilweise als unwahr erscheinen.

Zusammenfassend, helfen die Bewertungen:

- Machen Sie das von uns angebotene Produkt oder die Dienstleistung bekannt.
- Sie erhöhen die Glaubwürdigkeit des Unternehmens, für das wir arbeiten.
- Sie sind eine direkte Kommunikation zwischen dem Kunden und dem Unternehmen, unabhängig von unserer Präsenz, die als Filter wirkt und zur Kundenzufriedenheit beiträgt.
- Es ermöglicht uns zu verstehen, ob unsere Strategie funktioniert und an welchen Punkten wir arbeiten müssen.

Bewertungen helfen in gewisser Weise unserer Marke sichtbarer zu werden, der Kunde muss im gesamten Prozess immer als wichtigste Person betrachtet werden und niemals als ein in den Hintergrund zu rückender Aspekt. Jedes Unternehmen braucht Reviews, unabhängig von Produkt, Ziel, Zeit oder Preis, es gibt keine Realität, die sich rühmen kann, auf diesen Aspekt zu verzichten.

Darüber hinaus müssen Sie bedenken, dass Bewertungen nicht nur dafür sorgen, dass die Leute über Sie sprechen, sondern auch dazu beitragen können, die Qualität des von Ihnen angebotenen Dienstes noch weiter zu verbessern. Es gibt nicht nur einen Weg, Kunden um Bewertungen zu bitten, es ist nicht immer möglich, sie alle telefonisch anzurufen und die Technik unterstützt uns in gewissem Sinne bei unserer Arbeit.

Das Telefonat bleibt neben dem persönlichen Kontakt die wichtigste Kontaktart, weil es im Vergleich zu allen anderen die direkteste ist. Der Kunde fühlt sich durch unsere Aufmerksamkeiten verwöhnt, was zu einer positiven Bewertung beitragen kann. In diesem Sinne dürfen wir ihn nicht belästigen, sondern den natürlichen Verkaufsprozess nutzen, bei dem wir ihn anrufen, um herauszufinden, ob alles in Ordnung ist usw.

Das Telefonat wird grundlegend in allen Formen der dauerhaften Beziehung zwischen dem Kunden und dem Unternehmen, das nach der ersten Bestellung niemals allein gelassen werden darf (mit angemessenem Timing und Methoden).

E-Mail oder bestimmte Links helfen uns auch beim Sammeln von Bewertungen. Die E-Mails können in diesem Fall nach einer gewissen Zeit nach dem Kauf des Kunden versendet werden, die Zeit muss für seine Bewertung geeignet sein, ihn für eine Bewertung anzurufen, wenn er das Produkt seit einem Tag hat, bringt nicht viel Sinn und wir können ihn mit dieser Einstellung ärgern. Wenn Bewertungen für das Unternehmen wichtig sind, ist es gut zu bedenken, dass nicht alle den gleichen Wert haben, erstens hat die einfache Bewertung weniger Gewicht als die, bei der der Kunde einen Teil seiner Zeit damit verbringt, einen kurzen Text zu schreiben.

Auch der auf bestimmte Weise (ohne Übertreibung) geschriebene Text hat gegenüber dem hastigen Satz ein grundsätzliches Gewicht; „In Ordnung, netter Profi". Diese Eigenschaften muss eine gute Bewertung haben:

- **Es muss einer Person zuzurechnen sein,** die von „Mario Rossi" hinterlassene Bewertung hat ein anderes Gewicht als die von „kikka73". Wenn es für unsere Website oder andere Kanäle hinterlassen wird, ist es ratsam, den Kunden um ein kleines Foto zu bitten, dies verleiht seinen Worten noch mehr Gewicht, die Leute lieben es zu "sehen", wer ihre Bewertung hinterlässt.

- **Es muss spezifisch sein,** mit dem Text müssen Sie Ihre eigene Erfahrung kommunizieren, die Kunden, die dies tun, schätzen unser Produkt/unsere Dienstleistung. Wenn wir eine Bewertung mit den Worten erhalten: „Alles klar, danke", werden wir sie sicherlich nicht in den Müll werfen, aber stimmen Sie mir zu, dass es wenig nützt?

- **Es muss die Lösung für den Bedarf hervorheben,** der Kunde hat unser Produkt/unsere Dienstleistung gekauft, weil wir in der Lage waren, seinen Bedarf zu identifizieren. Gelingt es dem Text in synthetischer Form, dies zu vermitteln, ist die Rezension für all jene Kunden, die sie lesen, sehr funktional und wird gewissermaßen dazu verleitet, bei uns zu kaufen.

- **Es sollte nicht übertrieben werden,** wie diese Bewertungen, die wie Themen erscheinen. Ich als Kunde tendiere dazu, wenn ich auf eine so geschriebene Bewertung stoße, betrachte ich sie als zu gebaut und gehe weiter. Ein durchschnittlicher und vor allem „echter" Kunde fängt nicht an, fünfhundert Worte über das Produkt zu schreiben, außerdem erwartet nicht einmal der Käufer, Themen wie Rezensionen zu lesen.

- **Die Bewertung muss das Element enthalten,** das Sie von anderen unterscheidet. Dieser Punkt geht über das Produkt oder die Dienstleistung hinaus und bezieht sich auf den persönlichen Beitrag, den wir mit unserer Arbeit leisten. Wenn wir wissen, was uns von allen anderen Verkäufern unterscheidet, müssen wir gut darin sein, sicherzustellen, dass der Kunde beeindruckt ist, um es zu sein die Wahl all derer, die uns noch nicht kennen, aber aus den gelesenen Gründen mit uns in Kontakt treten möchten.

Wenn Sie diesen Job machen, haben Sie sicherlich die Schüchternheit überwunden, wenn Sie wissen, dass Sie die Phasen des Verkaufs mit dem Kunden bestmöglich verfolgt haben, dürfen Sie keine Angst haben, ihn um eine Bewertung

zu bitten, da dies unerlässlich ist, um Ihre Kompetenz und
Professionalität sichtbar zu machen!

Warum man Verkäufer werden sollte

Diese Frage beantwortet sehr subjektive Gründe, die nicht für alle gleich sein können, aber auf jeden Fall habe ich mich entschieden, darüber zu sprechen, weil ich glaube, dass es ein wichtiges Thema ist.

Der erste Ratschlag, den ich Ihnen gerne geben möchte, ist, Ihr Warum zu finden. Sie müssen diesen Job nicht machen, weil Ihr Cousin oder ein Freund es tut, sondern weil es Ihnen gefällt, es gibt Ihnen ein gutes Gefühl, es gibt Ihnen mehr Freiheit usw.

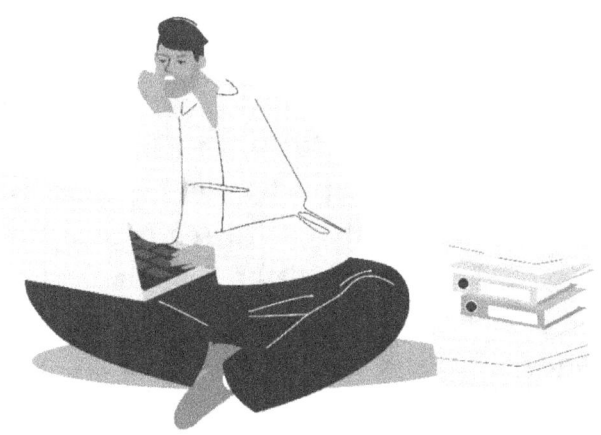

Zunächst einmal, wenn Sie Verkäufer werden wollen, müssen Sie es in sich spüren, die Gründe, die mich dazu veranlasst haben, Verkäufer zu werden, sind gut umrissen, Sie könnten sich sogar in denselben Gründen wiederfinden wie ich.

Ich habe mich für den Beruf des Verkäufers entschieden, weil mir dieser Job große Freiheiten bei der Terminplanung und große Flexibilität bietet. Sie kann nach Terminen oder nach anderen Faktoren verwaltet werden.

Es ist ein meritokratischer Job, es gibt keine Bevorzugung in diesem Sektor, was zählt, sind die Ergebnisse, die wir erzielen können, und auf der Grundlage dieser können wir verschiedene Preise oder Beförderungen anstreben.

Es ist möglich, den Geschmack für die Herausforderung und den Wunsch, sich selbst zu übertreffen, so weit zu kultivieren, dass man mit Kollegen diesen gesunden Wettbewerb schafft, der auch als Ansporn wirkt, noch besser zu werden.

Im Vergleich zu anderen Berufen besteht hier die Möglichkeit, mehr als das klassische Gehalt zu verdienen, das abgesehen von Überstunden tendenziell immer gleich ist. Es ist immer eine Frage der Wahl, es gibt kein Richtig oder Falsch, es gibt Leute, die gerne Bürojobs oder andere Jobs mit Festgehalt machen, denn hier wird Zeit gegen Geld getauscht und wer entscheidet sich dafür Job, in dem man mehr verdienen kann, ohne zumindest am Anfang das unternehmerische Risiko auf den Schultern zu tragen.

Der Verkäufer hat in der Regel einen festen Teil, der zur Deckung der Kosten verwendet wird, und einen variablen Teil, der je nach erzieltem Umsatz und den immer nach Leistung gezahlten Unternehmensboni variiert. Der variable Teil gibt uns die Möglichkeit, mehr oder sogar weniger als in anderen Jobs zu verdienen, es hängt sehr von uns ab und davon, was wir schaffen. Die Möglichkeit, interessante Verdienste zu erzielen, spornt an, sich zu engagieren und ständig zu verbessern.

Darüber hinaus verleiht uns die Kontrolle über Zeit und Finanzen eine höhere Lebensqualität als andere Berufe. Auch das Arbeitsumfeld hat sein eigenes Warum, im Vertrieb ist das Klima immer positiver als in anderen eher statischen Branchen.

Der Verkäufer muss immer positiv sein, es ist eine notwendige Eigenschaft, wenn man erfolgreich sein will, bei Terminen greift es die Negativität der Kunden auf, wenn auch wir uns als Defätisten aufspielen, werden die Ergebnisse nicht so aufregend sein!

Positivität ist nötig, um die vielen „Neins" in „Ja" umwandeln zu können, außerdem bietet sich das von Optimismus geprägte Klima im Unternehmen zur Verbesserung aller seiner Komponenten an. Das Umfeld des Verkäufers ist fantastisch, wenn Sie es schaffen, alle Möglichkeiten zu nutzen, die es uns bietet.

Es hängt zu einem großen Teil alles von uns ab!

Gedanken und Schlussfolgerungen

Wir haben das Ende dieser Reise erreicht, vor allem, wenn Sie so weit gekommen sind, sind Sie eine neugierige Person, die sich der Bedeutung des Trainings bewusst ist und die Entschlossenheit hat, den ganzen Weg zu gehen.

Dies sind die wichtigsten Eigenschaften, die ein Verkäufer braucht, um diesen Job erfolgreich machen zu können. Ich danke Ihnen, dass Sie sich die Zeit genommen haben, und ich hoffe, Sie fanden dieses Buch nützlich für Ihre Reise.

Ich rate Ihnen, auch den Lernpfad in Videolektionen zu verfolgen, die ich auf der *Udemy* Plattform erstellt habe, der Name des Kurses ist vom Titel dieses Buches inspiriert, das heißt: Verkaufstechniken Erfolgreicher Verkäufer.

Bevor Sie fortfahren können, lade ich Sie ein, mir eine Bewertung zu hinterlassen. Ihre Gedanken sind sowohl für mich als auch für andere Menschen wichtig, die mich vielleicht, wie Sie am Anfang nicht kannten. Darüber hinaus werden Ihre Überlegungen einen Mehrwert schaffen und in gewisser Weise meine Arbeit bestätigen.

Wie ich eingangs sagte, wollte ich meine Erfahrung als Verkäufer auf diesen Seiten einfließen lassen, um all jenen Menschen zu helfen, die ihre ersten Schritte unternehmen möchten oder bereits einen Aspekt dieser wunderbaren Welt kennen.

In der Hoffnung, es geschafft zu haben, lade ich Sie ein, mit mir in Kontakt zu bleiben, Sie können mir auch auf LinkedIn folgen.

Ich werde auf dich warten, ich verlass mich darauf!

Antonio